Marianne Herold
Jeanne, rette Frankreich!

Die Autorin:

Marianne Herold, geboren 1950 in Basel, studierte an der dortigen Universität Geschichte, Völkerrecht und Staatsrecht. Eines ihrer Prüfungsthemen war Jeanne d'Arc, deren Persönlichkeit sie faszinierte und nicht mehr losließ. Marianne Herold hat zwei Töchter und lebt mit ihrer Familie in Zürich. ›Jeanne, rette Frankreich!‹ ist ihre erste Buchveröffentlichung.

Marianne Herold

Jeanne, rette Frankreich!

Der Auftrag der Jeanne d'Arc

Deutscher
Taschenbuch
Verlag

Mit einer Karte von Steffi Habermeier

Originalausgabe
1. Auflage Oktober 1989

Umschlaggestaltung: Celestino Piatti
Umschlagbild: Anja Verbeek
Gesetzt aus der Aldus 10/11'
Gesamtherstellung: Kösel, Kempten
Printed in Germany · ISBN 3-423-70180-3
1 2 3 4 5 6 · 94 93 92 91 90 89

Inhalt

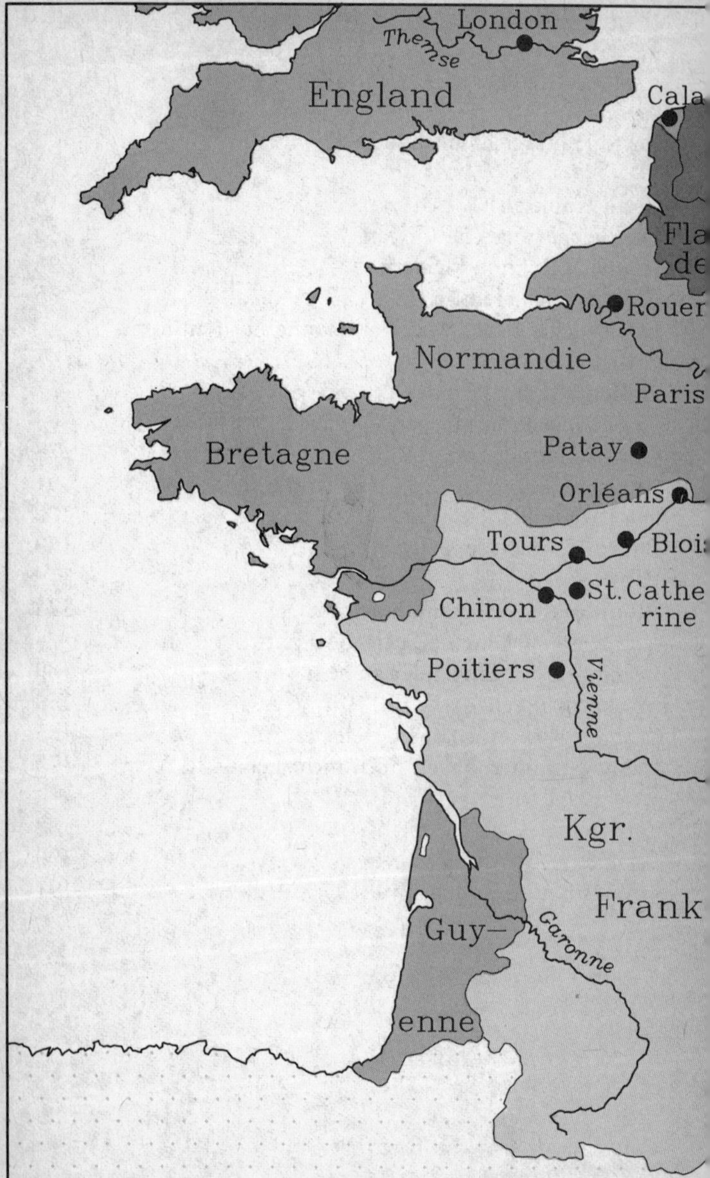
London
Themse
England
Cala
Fla
de
Rouer
Normandie
Paris
Bretagne
Patay
Orléans
Tours
Bloi
Chinon
St. Cathe
rine
Poitiers
Vienne
Kgr.
Frank
Guy–
enne
Garonne

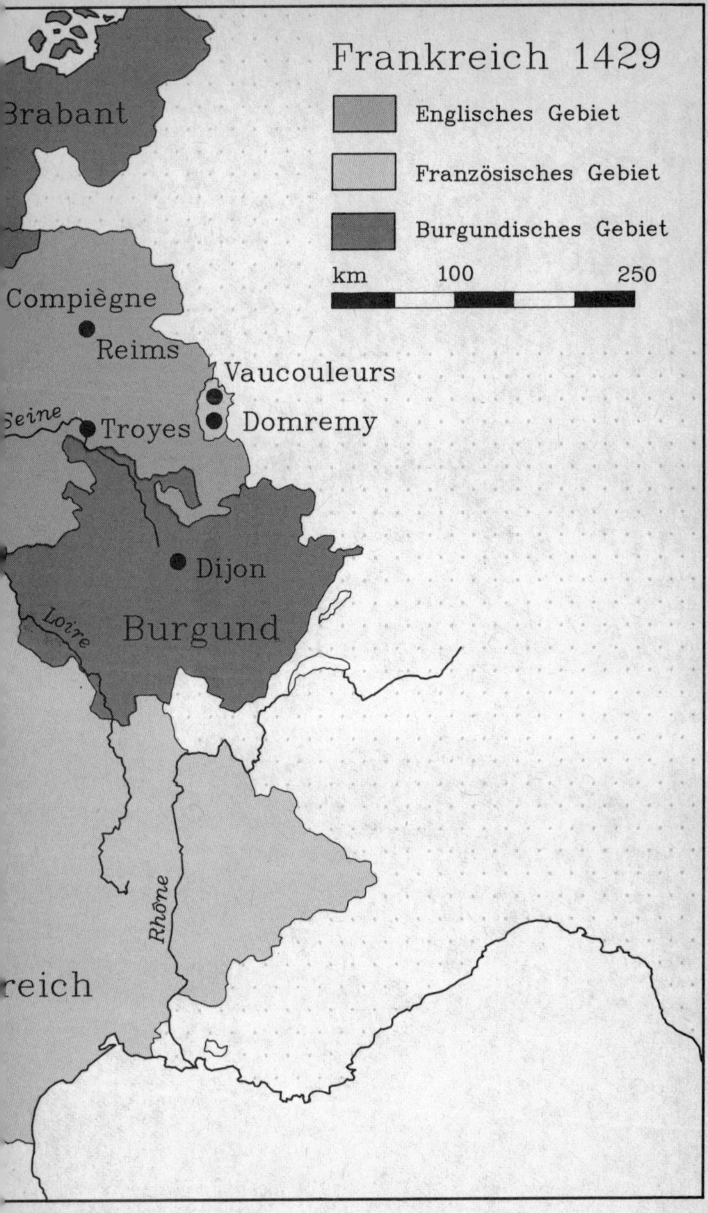

Frankreich 1429
Englisches Gebiet
Französisches Gebiet
Burgundisches Gebiet
km
100
250
Brabant
Compiègne
Reims
Vaucouleurs
Seine
Troyes
Domremy
Dijon
Loire
Burgund
Rhône
reich

Rette Frankreich!

»Jeanne, geh nach Frankreich, bring dem Dauphin Hilfe! Gott hat großes Mitleid mit Frankreich!«

Erschrocken fuhr die kaum vierzehnjährige Jeanne zusammen. Gedankenverloren hatte sie an diesem heißen Sommertag wie so oft im Garten ihrer Eltern gesessen und Mittagsruhe gehalten. Jetzt hob sie ängstlich den Kopf und schaute suchend umher. Hatte sie geträumt? Wer hatte zu ihr gesprochen? Sie sah niemanden, nur ein helles, klares Licht leuchtete um sie her, wie sie es noch nie zuvor gesehen hatte.

Hatte sie recht verstanden? Nach Frankreich, dorthin, wo der Königshof war, sollte sie gehen? Zum Dauphin*, dem Königssohn, der verzweifelt um sein Recht auf den Thron kämpfte? Ihm Hilfe bringen im bitteren Krieg gegen England, der schon so lange währte? Sie, Jeanne, das junge Mädchen aus Domremy?

Sie schauderte und konnte doch ihre Augen nicht von dem leuchtenden Schein wenden. Wie gebannt blickte sie in das wunderbare Licht und glaubte darin die Umrisse einer Gestalt zu erkennen. Mit einemmal wußte sie, wer zu ihr gesprochen hatte. Es konnte niemand anderes sein als der heilige Michael. Jetzt sah sie ihn deutlich vor sich, seine hohe, ritterliche Gestalt, sein prächtiges langes Faltengewand, die großen, ausgebreiteten Flügel, die goldglitzernde Krone auf seinem Haupt. So war er auch auf dem Heiligenbild in der Kirche dargestellt.

Die Erscheinung verschwand wieder, ebenso geheimnisvoll, wie sie gekommen war. Noch lange blieb Jeanne in der hellen Mittagssonne sitzen und starrte unverwandt auf die Stelle, von welcher aus die Stimme des Heiligen zu ihr

* Dauphin: Titel des französischen Thronfolgers

gesprochen hatte. Erst als sie die Mutter rufen hörte, fand sie in die Wirklichkeit zurück. Langsam ging sie ins Haus, noch immer klang die Stimme in ihr nach: ›Jeanne, geh nach Frankreich, bring dem Dauphin Hilfe! Gott hat großes Mitleid mit Frankreich.‹

Niemandem erzählte sie, was sie eben gesehen und gehört hatte.

Jeanne und ihre Familie wohnten zu Beginn des 15. Jahrhunderts, also vor mehr als 550 Jahren, in Domremy in der Provinz Lothringen, am äußersten Zipfel des französischen Reiches. Jedermann im kleinen Dorf kannte und schätzte die Eltern, Jacques und Isabelle d'Arc, sowie ihre fünf Kinder, die drei großen Söhne Jacques, Jean und Pierre und die beiden Mädchen Jeanne und Catherine. Sie waren einfache Bauern, weder arm noch reich. Ihr Leben war hart; alle mußten auf dem Hof Hand anlegen und von früh bis spät arbeiten. Dennoch mangelte es oft am Ende des Winters, wenn die Vorräte zur Neige gingen, an ausreichendem Essen. Die Söhne halfen dem Vater auf dem Feld und im Stall; Jeannette, wie sie als Kind genannt wurde, hütete manchmal die Schafe, meistens blieb sie aber mit der Schwester zu Hause bei der Mutter, besorgte mit ihr den Haushalt und den Garten, nähte, strickte und spann Wolle. Zur Schule gingen Bauernmädchen nicht, Lesen und Schreiben brauchten sie nicht zu lernen. Es genügte vollkommen, wenn sie von ihren Müttern häusliche Fertigkeiten erlernten, im christlichen Glauben unterwiesen wurden und das Vaterunser, das Ave Maria und das Credo beten konnten.

»Erzähle weiter!« bat Jeanne oft die Mutter, wenn sie zusammen in der großen, verrußten Küche am offenen Kamin saßen und arbeiteten. Jeanne liebte diese Stunden über alles und wurde nicht müde, ihrer Mutter zuzuhören, wenn diese Geschichten von Abraham, Moses und Joseph, von den Königen David und Salomon erzählte, von den mutigen Frauen Esther, Deborah und Judith sprach und das Leben Jesu schilderte, so, wie sie es einst von ihrer eigenen Mutter und natürlich immer wieder im Gottesdienst gehört hatte. Ebenso gespannt hörte Jeanne auch zu, wenn die Mutter von den Heiligen und Märtyrern sprach, von den unzähligen Wundern, die sie erfahren und bewirkt hatten, von ihrem unerschütterlichen Glauben an Gott, den sie allen Bedrohungen zum Trotz bewahrt hatten, bis in den Tod. Jeanne lernte, daß man sie in jeder Not anrufen und um Hilfe bitten konnte.

Die oft wiederholten, tiefempfundenen Erzählungen der Mutter waren Jeannes Erziehung. Sie prägten das Denken und Handeln des heranwachsenden Mädchens und weckten in seinem Herzen innige Liebe zu Gott und tiefes Vertrauen in seine Allmacht und Güte.

Trotz der vielen Arbeit in Haus und Garten fand Jeanne auch Zeit, um mit ihren Freundinnen und Kameraden zu spielen. Gemeinsam vergnügten sie sich am Feierabend im Freien, auf den Feldern, bei den Schafen, Kühen und Pferden oder im nahen Wald, wo sie sich mit Fangen und Verstecken die Zeit vertrieben. Sobald aber die Glocken zum Abendgebet läuteten, eilte Jeanne mitten aus dem Spiel weg zur Kirche. Daß ihre Kameraden sie wegen ihrer Frömmigkeit auslachten, machte ihr nichts aus.

An den Sonntagen im Frühling zogen sie alle zusammen zum geheimnisvollen »Feenbaum«, einer uralten riesigen Buche, deren Äste bis zum Boden reichten. Dort sollten wundertätige Alraunen verborgen sein und früher einmal Feen getanzt haben. Unter dem Baum packten die Kinder die mitgebrachten Brote aus, aßen fröhlich zusammen und tranken Wasser aus einer Heilquelle. Sie schmückten den Feenbaum mit Blumenkränzen und tanzten singend um ihn herum. Jeanne tat mit, genau wie die anderen auch.

Der »Feenbaum« gehörte zum großen alten Wald Lothringens, um den sich viele Sagen rankten. Alle kannten die Prophezeihung Merlins, des legendären Zauberers von König Artus' Tafelrunde, wonach einst eine Jungfrau aus dem lothringischen Wald das französische Königreich retten würde, doch niemand rechnete damit, daß sich Merlins Worte schon bald erfüllen sollten.

Noch war das kleine Bauerndorf Domremy verschont geblieben vom erbitterten Krieg zwischen Frankreich und England, den man später wegen seiner langen Dauer den »Hundertjährigen Krieg« nannte. Nachrichten über die Kämpfe, Verwüstungen und Hungersnöte waren aber schon bis in die hintersten Winkel Frankreichs, natürlich auch nach Lothringen, gedrungen und hatten überall Sorge und Angst geweckt.

Bedrückt redeten die Bauern auf dem Dorfplatz vor der Kirche über die schrecklichen Ereignisse. Die Furcht, bald auch in den Sog des Kriegsgeschehens zu geraten, war deutlich auf ihren Gesichtern zu lesen.

Als Jeanne an einem Sonntagmorgen aus der Kirche trat, sah sie ihren Vater im Kreis von Nachbarn stehen. Neugierig näherte sie sich den Männern, die so sehr in ihr Gespräch vertieft waren, daß sie die Anwesenheit des Mädchens nicht bemerkten.

»Wißt ihr schon? Die Franzosen sind schon wieder besiegt und zum Rückzug gedrängt worden«, hörte sie den Vater sprechen und erschrak über den besorgten Ton seiner Stimme, »die Feinde des Dauphins haben bereits halb Frankreich überrannt und drängen immer weiter. Es kann nicht mehr lange dauern, bis sie auch bei uns kämpfen, morden und brennen.«

»Domremy liegt ja gefährlich nah an der burgundischen Grenze«, rief darauf der Freund und Nachbar von Jacques d'Arc. »Verflucht sei dieser Bürgerkrieg, der Franzosen zum Kampf gegen Franzosen zwingt!«

Jeanne hielt den Atem an, als sie ihren Vater weiterreden hörte: »Die Steuern sollen auch schon wieder erhöht werden. Wegen der gewaltigen Kriegskosten. Womit sollen wir sie bezahlen, wenn es nicht einmal für das Nötigste reicht?«

Die Männer schauten einander ratlos an. Die Zeiten waren wirklich so schlecht wie noch nie, das fühlten sie alle deutlich. Der Pfarrer, der inzwischen zu den Bauern getreten war, versuchte die Bekümmerten aufzurichten: »In dieser schweren Zeit bietet euch die Kirche Trost und Halt. Vertraut auf Gott und die Fürsprache der Heiligen. Euer Glaube kann euch helfen, den harten Alltag und das Elend des Krieges zu ertragen. Wenn ihr glaubt, werdet ihr Erlösung von allen irdischen Sorgen im Paradies finden.«

Jeanne hatte mit Tränen in den Augen die schlimmen Nachrichten vernommen. Traurig machte sie sich auf den Heimweg. Ohne ein Wort zu sagen, ging sie durch die Küche hinaus in den Garten, um ungestört über das Geschehen um sie her nachzudenken und Gottes Hilfe anzuflehen.

Da vernahm sie wieder die Stimme des heiligen Michael: »Jeanne, rette Frankreich! Reite zum Dauphin, dem Königssohn, bring ihm Hilfe!«

»Ich? Frankreich retten?« stammelte Jeanne verwirrt, »ich bin doch nur ein einfaches Bauernmädchen, ich verstehe ja gar nichts vom Kriegshandwerk und vom Reiten. Ich kann doch nicht einfach von zu Hause weglaufen und meine Eltern verlassen.«

»Gott allein mußt du gehorchen, Jeanne!« forderte die Stimme des heiligen Michael eindringlich.

Mehr sagte sie nicht.

Verwirrt blieb Jeanne zurück. Was sollte sie tun? Sie kannte niemanden, den sie in ihrer Gewissensnot um Rat fragen konnte. Wem sollte sie gehorchen? Der Stimme, die immer wieder so Unerhörtes von ihr verlangte, wie Frankreich zu retten, in den Krieg zu ziehen, die Eltern und die Heimat, alles, was sie liebte, zu verlassen, oder aber den Eltern, wie es die Bibel vorschreibt: »Du sollst Vater und Mutter ehren«?

Jeanne fürchtete ihren Vater. Hatte er nicht geträumt,

daß sie, seine Tochter, eines Tages mit den Soldaten fortziehen werde, wie eine gemeine Dirne? Eigenhändig ertränken wolle er sie, falls er sie dabei erwischen sollte, so hatte er gedroht. Jeanne wußte, daß er in seinem Jähzorn auch wirklich dazu fähig sein würde.

Jeannes Herz war schwer. Wehmütig ließ sie ihren Blick über die vertraute Umgebung schweifen, über die waldigen Hügel und die wenigen bescheidenen Häuser, die sich wie schutzsuchend um die Kirche drängten, den Mittelpunkt des Dorfes und des Dorflebens.

Jeden Sonntagmorgen hörte sie dort zusammen mit den anderen Dorfbewohnern die Messe, betrachtete versunken die Wandgemälde mit den biblischen Darstellungen und die Statuen der Heiligen, die ihr aus den Erzählungen der Mutter bekannt waren. Nach dem Gottesdienst schwatzte sie auf dem Heimweg mit Verwandten und Nachbarn und teilte Freuden und Sorgen mit ihnen. Mit allen gemeinsam feierte sie in der kleinen Dorfkirche auch die vielen christlichen Feste, die Abwechslung in den eintönigen Alltag brachten: Weihnachten, das Fest der Heiligen Drei Könige, die Fastenzeit, Ostern, Pfingsten, das Erntedankfest, ebenso die Namenstage der Heiligen, vor allem den des heiligen Remigius, des Schutzpatrons von Domremy und von Reims, der Krönungsstadt der französischen Könige. An seinem Namenstag, dem 1. Oktober, ging sie besonders gern zur festlich geschmückten Kirche und folgte andächtig den Worten des Pfarrers, der von Remigius predigte und dabei erwähnte, daß in Reims die französischen Könige im Andenken an Remigius zu Gottes Stellvertreter auf Erden geweiht würden.

Und nun befahl ihr die Stimme des heiligen Michael, diesen Ort der Geborgenheit zu verlassen?

Eines Abends im Jahr 1428 wurde dem ruhigen Dorfleben jäh ein Ende gemacht. Wild läuteten die Sturmglocken. Der Krieg, der ganz Frankreich bis in die Grundfesten erschütterte und in zwei Teile spaltete, erreichte auch die Gegend von Domremy, das wie eine Insel mitten im englisch-burgundisch besetzten Teil Frankreichs lag und noch immer zum französischen Königshaus hielt. Fremde Soldaten überfielen das Dorf und vertrieben die Bewohner des dauphintreuen Domremy mit Feuer und Schwert. Mit allem, was sie in größter Hast zusammenraffen konnten, suchten sie samt dem Vieh im Nachbarort Schutz. Als sie wieder zurückkehren konnten, fanden sie ihr Dorf zerstört, die Felder verwüstet, die Ernte vernichtet, die Scheunen leer. Die Schäden an den Häusern und der Kirche waren zwar bald behoben, aber die Furcht vor weiteren Überfällen und quälender Hunger blieben zurück.

Flüchtlinge aus anderen Dörfern suchten ihrerseits Obdach in Domremy, auch im Hause d'Arc. Jeanne überließ ihnen voll Mitleid ihr eigenes Bett und suchte sich ein Lager in der Scheune.

Gewalt und Not herrschten überall. Die Buben der plötzlich verfeindeten Dörfer verprügelten sich gegenseitig und kehrten abends zerschunden und blutend heim, denn der Streit unter den Erwachsenen wirkte in ihnen fort.

Jeanne beobachtete das alles genau und war ganz verstört vom Haß und vom Elend um sie herum. Sie verwünschte diesen unseligen Krieg aus ganzem Herzen.

Weshalb war er überhaupt ausgebrochen?

Sie wußte es nicht. Auch ihre Eltern hätten ihr die Kriegsgründe wohl nicht erklären können; sie lagen schon viel zu weit in der Vergangenheit zurück. Aber in den alten Chroniken stand geschrieben, daß es die Provinz Guyenne war, die den englischen und den französischen König seit Generationen entzweite, und daß schwierige lehensrechtliche Besitzverhältnisse den Krieg schon im Jahr 1337 ausgelöst hatten. Jetzt, im Jahr 1428, war das schon fast hundert Jahre her.

In den Chroniken war auch der Verlauf des Krieges nachzulesen: das harte Ringen des englischen und des französischen Königshauses um die französische Krone, die großen Schlachten zu Land und zu Wasser, das wechselnde Kriegsglück und das furchtbare Leid, das die Bevölkerung zu erdulden hatte. Dies kannte Jeanne aus eigener Erfahrung. Wie viele andere Franzosen hoffte und betete auch sie, daß Gott diesem Elend bald ein Ende setzen möge.

Aber noch war kein Ende abzusehen. Bis nach Domremy gelangten die immer bedrohlicher klingenden Nachrichten vom Königshof, der sich längst nicht mehr in Paris befand, sondern nach Bourges, in den südlichen, vom englisch-burgundischen Vormarsch noch verschonten Teil Frankreichs, verlegt worden war. Immer aussichtsloser wurde die Lage des Dauphins, der sich mit seinen Sorgen gerne nach Chinon, seiner bevorzugten Residenz, verkroch. Er, der sogar in den eigenen Reihen als Thronfolger umstritten war, wurde von der englisch-burgundischen Übermacht immer härter bedrängt. Die Hälfte seines Reiches war bereits in Feindeshand, und nun holten die Engländer auch noch zum vernichtenden Schlag gegen die andere Hälfte des zusammengeschrumpften Reiches aus. Sie belagerten Orléans, die strategisch wichtige, nur wenige Tagesreisen von Chinon entfernte Brückenstadt an der Loire. Fiel Orléans, war das Reich des Dauphins den Feinden schutzlos preisgegeben, war Frankreich verloren.

›Gibt es denn keine Rettung?‹ dachte Jeanne verzweifelt. Doch! Durch den heiligen Michael rief Gott sie, gerade sie, Frankreich zu helfen. »Jeanne, geh nach Frankreich! Hebe die Belagerung von Orléans auf!« befahl die Stimme. »Geh zum Stadthauptmann Baudricourt nach Vaucouleurs, er wird dir Leute geben, die dich begleiten. Die heilige Katharina und die heilige Margaretha stehen dir bei.«

So bestimmt hatte Jeanne die Stimme noch nie reden hören. Sie spürte, daß es jetzt kein Säumen, keinen Aufschub mehr gab.

»Ich komme! Ich bin bereit«, versprach sie entschlossen, »ich will Gott gehorchen und alles tun, was Er mir gebietet.«

Vorbei war die Zeit des Zögerns, des inneren Kampfes

und Zwiespaltes. Alle Angst war von Jeanne gewichen. Jetzt wußte sie klar, was sie zu tun hatte; sie fühlte sich stark und sicher. Ein Feuer der Begeisterung durchströmte sie.

»Gott hat Frankreich nicht im Stich gelassen«, sagte sie sich voll Freude, »und Er hat mich, Jeanne, auserwählt, es zu retten und dem bedrängten Dauphin zu Hilfe zu kommen.«

Von dieser Stunde an war der Dauphin in ihre große Liebe zu Gott miteingeschlossen.

Am liebsten wäre Jeanne sofort losgestürmt, nach Vaucouleurs, das nur einige Wegstunden von Domremy entfernt lag, nach Chinon und dann nach Orléans in den Kampf gegen die verhaßten Engländer. Sie konnte es kaum mehr erwarten, den göttlichen Befehl in die Tat umzusetzen.

Doch sie zwang sich zur Ruhe und dachte angestrengt nach, wie sie wohl von zu Hause weggehen könne, ohne daß der Vater Verdacht schöpfte. ›Wenn er mich erwischt‹, wußte sie, ›glaubt er, ich laufe den Soldaten nach und schlägt mich tot. So hat er es ja in seinem Traum gesehen.‹

Bald darauf ergab sich die ersehnte Gelegenheit: Ihr Onkel Durand Laxart aus dem Nachbardorf kam zu Besuch und erzählte, daß seine Frau bald niederkomme und keinerlei Hilfe habe. Sofort erbot sich Jeanne, mit ihm zu gehen und der Tante zur Seite zu stehen. Da es Winter war und sie zu Hause gerade wenig zu tun hatte, billigten die Eltern ihr Vorhaben.

Im Dezember 1428 verließ die knapp sechzehnjährige Jeanne mit ihrem Onkel das Dorf.

Kaum hatten die beiden die letzten Häuser von Domremy hinter sich gelassen, fragte Jeanne den Onkel: »Kennst du die Prophezeihung Merlins von der Jungfrau aus Lothringen, die das Königreich erretten wird?«

»Natürlich, wer kennt sie nicht?« antwortete Durand, »wie kommst du denn darauf?«

Jeanne blieb stehen und erklärte mit leuchtenden Augen: »Ich bin diese Jungfrau. Gott hat mir durch den heiligen

Michael aufgetragen, Frankreich zu retten, den Dauphin zur Krönung nach Reims zu führen und die Engländer aus Frankreich zu vertreiben. Du wirst mich nach Vaucouleurs zum Hauptmann Baudricourt bringen, er wird mir einen Geleitschutz geben, damit ich sicher an den Königshof gelange.«

Staunend hörte Durand Jeannes leidenschaftliche Worte, die so bestimmt und sicher klangen, daß er versprach, sie nach Vaucouleurs zu begleiten.

Onkel Durand war der erste, den Jeanne von ihrer göttlichen Sendung überzeugen konnte.

Die Belagerung von Orléans

Während Jahrzehnten war das Kriegsglück unentschieden zwischen Frankreich und England hin und her gependelt. Es hatte bald England, bald Frankreich begünstigt, sich aber nie eindeutig einer der einander fast ebenbürtigen Mächte zugewandt.

Erst im Jahr 1420 schien sich die Waagschale des Erfolgs zugunsten der Engländer zu neigen. Dank dem Bündnis mit dem reichen, mächtigen Herzog von Burgund gewannen sie unerwartet Auftrieb, und es sah so aus, als ob die endgültige Niederlage des schwachen Dauphins und des ihm verbliebenen Teils von Frankreich nur noch eine Frage der Zeit sei.

Innerhalb von wenigen Jahren brachten die englisch-burgundischen Truppen den Norden Frankreichs, Paris und die Normandie unter ihre Kontrolle. Ohne ernsthaftem Widerstand zu begegnen, stießen sie südwärts, bis sie 1428 mitten in Frankreich standen. Jetzt hielt der englische Kriegsrat die Zeit für gekommen, auch den dauphintreuen Süden zu erobern.

Die Feldherrn traten zusammen, um die Durchführung des großen Unternehmens zu planen. Lange beugten sie ihre Köpfe über die ungenauen Kartenskizzen und suchten den besten Ausgangspunkt zur Erreichung ihres ehrgeizigen Ziels.

»Orléans ist der Schlüssel zum Süden«, entschied endlich Graf Salisbury, der beste militärische Fachmann Englands, und setzte seinen Zeigefinger auf den markanten Punkt am Loire-Knie. »Orléans ist neben Paris die bedeutendste Handelsstadt Frankreichs und ein zentraler Knotenpunkt für den Verkehr zu Land und zu Wasser. Hier kreuzen sich die großen Verbindungsstraßen zwischen Nord und Süd, zwischen Ost und West. Von hier aus wird auch die Schiffahrt auf der Loire, dem längsten und wichtigsten Wasserweg Frankreichs, beherrscht. Deshalb muß Orléans zu Fall gebracht werden, dann haben wir den Fluß und vor allem die Brücke in der Hand. Von dort aus können wir gut in das dem Dauphin noch verbliebene Herrschaftsgebiet eindringen und bis zur Guyenne vorstoßen.«

Sir John Talbot, der als hochrangiger Feldherr schon manche Schlacht gegen die Franzosen gewonnen hatte, folgte dem Finger Graf Salisburys bis zur Guyenne. »Ja, meine Herren«, sagte er bedächtig, »die Provinz Guyenne ist nun einmal der eigentliche Kriegsgrund zwischen Frankreich und England. Sie wissen ja, der englische König hat dieses herrliche Weinbaugebiet schon vor mehr als zweihundert Jahren erhalten, als Mitgift seiner Frau Eleonore, der Herzogin von Aquitanien . . .«

»Leider nicht als Eigentum«, unterbrach Graf Salisbury den Feldherrn bitter, »sondern bloß als Lehen unter französischer Oberhoheit. So entstand ja die unglückliche Situation, daß die englischen Könige für den Besitz der Guyenne dem französischen König den Lehenseid leisten, ihm demütig auf den Knien Treue schwören und sich erniedrigen mußten. Das ist mit dem englischen Stolz unvereinbar und darf nie mehr geschehen.«

»Halten wir uns vor Augen, wieviel Blut schon für die Guyenne, diesen alten Zankapfel, geflossen ist!« rief Talbot grimmig und zeigte auf seine vielen Narben.

»Für die Freiheit der Guyenne, für Orléans und für unseren Anspruch auf die französische Krone wird noch mehr Blut fließen«, schloß der Oberbefehlshaber, »wir werden diesen Krieg so lange fortsetzen, bis wir ganz Frankreich, von Holland bis zu den Pyrenäen, vom Atlantik bis zur burgundischen Grenze in unserer Gewalt haben. Es lebe Heinrich VI., König von England und von Frankreich!«

In England und in Nordfrankreich begannen daraufhin die Vorbereitungen für den entscheidenden Schlag gegen Orléans, der über das Weiterbestehen von Frankreich oder seinen Untergang bestimmen sollte.

Die englische Flotte überquerte den Ärmelkanal, noch

bevor die gefürchteten Herbststürme einsetzten. Voraus flatterte stolz die englische Leopardenfahne in der steifen Brise, herausfordernd war sie bereits mit den französischen Königslilien geschmückt worden. Die vielen Schiffe waren gedrängt voll mit Tausenden von frisch rekrutierten, gut ausgerüsteten Kriegern, Pferden und Zugtieren, Belagerungsmaschinen, Sturmböcken, Mörsern, Kanonen und Munition. Für Lebensmittelvorräte blieb kein Platz mehr, die wollte man in Frankreich zusammenstehlen.

Am französischen Ufer angelangt, verluden die Soldaten das Kriegsmaterial auf Karren oder Maulesel und spannten Pferde vor die schweren Kanonen, während die Vorhut eilends auf Plünderung ausgeschickt wurde, um ausreichend Proviant für den Feldzug und die Belagerungszeit aufzutreiben. So raubten die Engländer die französische Landbevölkerung aus, stahlen die Ernte von den Feldern weg, trieben das Vieh aus den Ställen und leerten Speicher, Scheunen und Keller, in welchen sie es besonders auf die Weinfässer abgesehen hatten.

Von Kundschaftern geführt, wälzte sich der gewaltige Troß über holprige, vom Regen in Morast verwandelte, von früheren Kämpfen beschädigte Straßen auf Orléans zu.

Belagerungen waren seit jeher in Kriegszeiten ein bewährtes Mittel, um eine Festung oder eine Stadt zur Übergabe zu zwingen. Die Verbindungswege zur Außenwelt wurden abgeschnitten und die Lebensmittelzufuhr so lange unterbunden, bis den Eingeschlossenen nichts anderes mehr übrig blieb, als sich zu ergeben oder Hungers zu sterben, falls sie nicht schon vorher das Opfer von Seuchen oder Verrat wurden.

Unter den Bewohnern von Orléans war die Erinnerung an den heldenhaften Widerstand noch immer lebendig, den eine andere französische Stadt 1347, zu Beginn des Hundertjährigen Krieges, geleistet hatte. Zwölf Monate hatten damals die Belagerten der Hafenstadt Calais ausgeharrt und der englischen Übermacht getrotzt. Ausgehungert, am Rand der Erschöpfung war ihnen zuletzt nur die Wahl geblieben, entweder von den englischen Soldaten niedergemetzelt zu werden oder elend zugrunde zu gehen. Als letzten Ausweg, das schreckliche Blutbad und den Hungertod von Tausenden zu vermeiden, hatte der englische König eine grausame Bedingung gestellt: Sechs der besten und reichsten Männer der Stadt sollten sich freiwillig bereit finden, unter seinem Schwert zu sterben, dann werde die Stadtbevölkerung geschont.

Bald darauf wankten sechs beherzte Bürger von Calais im Büßergewand, mit gefesselten Händen, einen Henkerstrick um den Hals ins englische Lager, bereit, zur Rettung ihrer halbverhungerten Mitbürger die Schlüssel der Stadt und ihr eigenes Leben hinzugeben. Schon blitzte das Schwert über ihren Köpfen, da stürzte die hochschwangere englische Königin herbei, warf sich vor ihrem Gatten auf die Knie und flehte um Schonung der Opfer. Der König ließ Gnade walten, schenkte den sechs tapferen Männern das Leben und befahl, Nahrungsmittel in die Stadt zu schaffen. Aber Calais, die bedeutendste Hafenstadt an der französischen Ärmelkanalküste, war nicht zu retten. Die Engländer nahmen sie in Besitz und nutzten sie als Ausgangspunkt für ihre Kriegszüge in Frankreich.

»Werden wir dasselbe Schicksal erdulden müssen wie Calais?« fragten sich bang die Bürger von Orléans, als sie erfuhren, daß die Engländer ihrer Stadt immer näher rückten. Als sie auch noch die zahllosen Flüchtlinge aus den umliegenden Bauerndörfern hinter die sicheren Stadtmauern von Orléans hereinströmen sahen und von ihnen hörten, wie die englische Streitmacht raubend und mordend daherkam, wie die Fremden das Land verwüsteten und vor keiner Gewalttat zurückschreckten, da wußten sie, daß ihnen höchste Gefahr drohte. Trotzdem beschlossen sie als treue Anhänger des Dauphins einstimmig, Widerstand zu leisten.

»Unsere Mauern sind stark und fest. Aus besseren Zeiten sind noch Getreidereserven vorhanden. Wir wollen durchhalten und uns mit allen Mitteln wehren, so schwer das auch sein wird«, ermutigten sie einander. »Orléans darf nicht von den Engländern erobert werden, sonst ist nicht nur unsere Stadt, sondern sind auch das Reich des Dauphins und wir alle verloren.«

So erwartete die Stadt Orléans den Angriff, noch ohne zu wissen, wann und von welcher Seite er kommen würde.

In den frühen Morgenstunden des 12. Oktobers erblickte der Turmwächter eine Staubwolke am Horizont. Sofort alarmierte er den Stadtkommandanten, daß die englische Armee die Loire bereits überquert habe, von Süden her gegen die Stadt marschiere und sich schnell dem Stadtteil auf dem Südufer des Flusses nähere.

»So müssen wir unsere Kräfte auf den Stadtkern nördlich der Loire konzentrieren«, entschied der Kommandant geistesgegenwärtig. »Wir werden die bedrohten Vorstädte am anderen Ufer preisgeben und die Brücke zerstören.«

Er war entschlossen, die Stadt zu halten, und wußte, daß er auf den Gehorsam seiner Mitbürger zählen konnte. Schweren Herzens befahl er den Bewohnern des südlich der Loire gelegenen Stadtteils, ihre Häuser zu räumen und zu zerstören, damit sich der Feind nicht darin verschanze. Sein Plan war so einleuchtend, daß alle ohne Murren gehorchten. Mit Booten retteten sich die obdachlos gewordenen Menschen über die Loire, denn schon hatte eine schnell zusammengetrommelte Mannschaft einen Pfeiler der wichtigen Brücke eingerissen, um sie für die Engländer unpassierbar zu machen.

Die englische Armee richtete sich auf eine langdauernde Belagerung ein, denn erfahrungsgemäß waren die Verteidiger hinter den festen Stadtmauern den Angreifern überlegen, solange sie genügend Wasser- und Lebensmittelvorräte besaßen. Eine riesige Zeltstadt begann sich vor den

Mauern auszubreiten, ein Festungsgürtel von starken Bollwerken wurde beidseits der Loire aus dem Boden gestampft, die englischen Geschütze wurden in Stellung gebracht.

Bald schritten die Engländer in geschlossenen Reihen zum Angriff. Im Sturm versuchten sie, Breschen in die Stadtmauer zu schlagen und die hohen Wälle zu überklettern. Die Eingeschlossenen wehrten sich, so gut sie konnten. Doch sie waren mehr als froh, daß sie knapp zwei Wochen nach Beginn der Belagerung Hilfe vom Dauphin erhielten.

Der junge Graf Dunois, genannt der Bastard von Orléans*, der beste französische Feldherr, übernahm das Kommando der Stadt. Unterstützt vom draufgängerischen Hauptmann La Hire und weiteren bewährten Heerführern, verteidigte er die bedrohte Stadt. Er leitete die Kampfhandlungen so mutig und geschickt, daß seine Untergebenen ihm sogleich Vertrauen schenkten und größten Einsatz leisteten. Auch die Frauen halfen bei der Verteidigung mit. Sie schleppten Eimer für Eimer voll siedenden Wassers und Pfannen mit kochendem Öl auf die Stadtmauern, deren Inhalt die Männer von den Wehrgängen aus auf die Angreifer hinuntergossen. Sie brachten auch große Gefäße voll feiner Asche herbei, die in dichten Wolken über die Wälle auf die anstürmenden Feinde ausgeschüttet wurde, um ihnen die Sicht zu erschweren.

Mit jedem Tag stieg die Zahl der Toten auf beiden Seiten der Stadtmauer. Eines der ersten Opfer war Graf Salisbury. Als er sich aus dem Fenster eines Festungsturmes beugte, um den Verlauf der Kampfhandlungen besser zu beobachten, traf ihn eine Kanonenkugel und zertrümmerte seinen Schädel. Die Freude der Franzosen über Salisburys Tod war allerdings von kurzer Dauer, denn schon nahte der ihm ebenbürtige Sir John Talbot mit englischen Verstärkungstruppen sowie Munitions- und Lebensmittelvorräten.

* unehelicher, doch hochgeschätzter Sohn des Grafen von Orléans

Die Belagerung von Orléans.
Links Graf Salisbury, dessen Haupt von einem Geschoß weggerissen wurde. (Miniatur, 15. Jahrhundert)

Wechselweise erfolgten Angriffe und Ausfälle. Tagelang, wochenlang, donnerten die Geschosse hin und her. Große Gefechte und kleinere Scharmützel lösten einander ab, doch es gelang weder den Belagerten noch den Belagerern, eine Entscheidung zu erzwingen.

Noch ahnte niemand, daß in jenen Tagen des erbitterten Ringens im fernen Domremy ein junges Mädchen auf Befehl einer himmlischen Stimme sein Elternhaus verließ, um Orléans zu Hilfe zu kommen.

Jeanne in Männerkleidern

»Herr Hauptmann, das junge Mädchen möchte ...«

»Wie? Ist diese Verrückte schon wieder da? Wie heißt sie bloß?« unterbrach Baudricourt, der Stadtkommandant von Vaucouleurs, barsch seinen Diener.

»Sie heißt Jeanne, Herr Hauptmann, sie kommt aus Domremy und verlangt, noch einmal mit Euch zu sprechen, es sei sehr dringend«, antwortete der Soldat.

»Ich habe weder Zeit noch Lust, mich mit einem hergelaufenen Bauernmädchen zu unterhalten«, donnerte Baudricourt. »Als sie das erste Mal zu mir kam, habe ich ihr doch befohlen, sofort zu ihren Eltern zurückzukehren! Die sollen ihr eine Tracht Prügel verpassen, damit sie wieder zu Verstand kommt. Schicke sie sogleich wieder weg!«

Der Kommandant von Vaucouleurs, dem einsamen dauphintreuen Burgflecken mitten im englisch-burgundischen Gebiet, beugte sich wieder über die Berichte aus Frankreich, die gerade von Boten gebracht worden waren.

Schlecht waren die Nachrichten: Der englische Belagerungsring um Orléans wurde immer enger, in der Stadt wuchs die Hungersnot mit jedem Tag. Immer schlechter stand es auch um die Finanzen des Dauphins, der seinen Soldaten kaum mehr den geschuldeten Sold bezahlen, geschweige denn neue Truppen anwerben konnte.

Baudricourt hielt ergeben zum Dauphin. Er hatte eben sein Verwaltungsgebiet erfolgreich gegen die mit England verbündeten burgundischen Soldaten verteidigt. Wie er diese Burgunder haßte, die sich mit den fremden Engländern gegen ihre eigenen Landsleute zusammengetan hatten!

Baudricourt erinnerte sich noch genau an den schwarzen Tag des Jahres 1419, der dieses unselige Bündnis ausgelöst hatte. Die Kunde vom Meuchelmord an Johann, dem Herzog von Burgund, war ja durch das ganze Land geflogen und hatte überall Entrüstungsstürme hervorgerufen. ›Johann ohne Furcht‹ war nämlich beim Volk beliebt gewesen, man hatte in ihm den starken Mann gesehen, der Frankreich vor dem drohenden Bürgerkrieg und dem englischen Ansturm hätte bewahren können. Hatte der Dauphin beim Mord seine Hände im Spiel gehabt? Den Beweis konnten auch seine schlimmsten Feinde nicht erbringen. Trotzdem hatte der Sohn des Ermordeten, Herzog Philipp von Burgund, diesen Verdacht zum Anlaß genommen, ein Bündnis mit England zu schließen. Damit hatte er gleichzeitig dem Dauphin unermeßlich geschadet und seinen eigenen Machthunger gestillt.

Baudricourt hatte schon damals erkannt, daß diese englisch-burgundische Umklammerung für Frankreich verhängnisvoll enden müsse. Jetzt, neun Jahre später, spitzte sich die Lage sogar so gefährlich zu, daß Frankreichs Schicksal nur noch an einem Faden, nämlich an Orléans hing.

Wie gerne hätte Baudricourt dem Dauphin aus seiner fatalen Bedrängnis geholfen! Ob er nicht doch noch einmal das seltsame Mädchen anhören sollte? Vielleicht sollte er sie doch an den Königshof gehen lassen, wie sie es von ihm verlangte? Aber wenn sich dort herausstellte, daß sie eine Angeberin oder eine Verrückte war? Wie würde er dann am Hof verspottet werden, daß er, der zuverlässige Baudricourt, auf einen solchen Schwindel hereingefallen war!

Dagegen mußte er sich absichern. Er nahm Papier und Feder und schrieb dem Dauphin einen Brief. Er schilderte in knappen Worten, wie Jeanne ihn bestürme, sie an den Königshof zu schicken, und daß sie behaupte, mit Gottes Hilfe Frankreich retten zu können. Er versprach, weitere Erkundigungen über das sonderbare Geschöpf einzuziehen und bat um Anweisung, ob er es untertänigst schikken solle oder nicht. Er versiegelte das Schreiben und sandte es durch einen Kurier nach Chinon.

Einem anderen Boten trug er auf, nach dem drei Wegstunden entfernten Domremy zu reiten, um Näheres über Jeannes bisherigen Lebenswandel in Erfahrung zu bringen.

Er selbst ließ nachforschen, wo sich Jeanne aufhielt, und begab sich sodann in Begleitung eines Priesters in das Haus, wo das Mädchen bei einer ehrbaren Familie Quartier genommen hatte.

›Vielleicht gibt Jeanne nur vor, von Gott gesandt zu sein, und ist doch mit dem Teufel im Bund?‹ überlegte er. ›Der Priester wird das besser beurteilen können als ich.‹

Baudricourt klopfte laut an die niedrige Haustüre. Die Wirtin öffnete und schien nicht sehr überrascht über den Besuch der beiden hohen Herren. Jeanne hatte ihr bereits von ihren ergebnislosen Vorstößen beim Stadtkommandanten erzählt.

»Welchen Eindruck habt Ihr von dem Mädchen aus Domremy?« kam Baudricourt ohne Umschweife zur Sache.

»Sie wohnt nun schon beinahe drei Wochen bei uns«, antwortete die Frau, »sie betet viel in ihrer Kammer, oft sind wir auch zusammen zur Kirche gegangen. Jeanne hat uns gesagt, daß sie Frankreich retten will. Sie ist fest entschlossen, zum Dauphin zu gehen, und müßte sie auf den Knien zu ihm hinrutschen. Jeanne hat so viel und überzeugend von ihrer Sendung gesprochen, daß mein Mann und ich an sie glauben.«

Baudricourt zuckte mißtrauisch die Achseln. »Das klingt unglaubwürdig. Ausgerechnet ein Dorfmädchen sollte zustandebringen, was nicht einmal den besten Feldherrn gelingen will«, sagte er zum Geistlichen gewandt. »Führe uns zu ihr!« befahl er der Wirtin. »Der Priester und ich wollen ihr einmal auf den Zahn fühlen.«

Als sie die kleine Stube betraten, saß Jeanne eben am Spinnrad. Sie erhob sich, begrüßte die Herren und stand ihnen unbefangen Rede und Antwort.

Schließlich entfaltete der Priester seine Stola und sprach eine feierliche Beschwörung über Jeanne aus: »Wenn du einen bösen Geist hast, entferne dich, wenn du einen guten Geist hast, nähere dich!«

Verblüfft beobachtete Baudricourt, was nun geschah. Jeanne kniete nieder, bekreuzigte sich, faltete die Hände und näherte sich dem Priester auf den Knien.

»Glaubt Ihr mir jetzt?« fragte Jeanne flehend. »Laßt Ihr mich jetzt endlich nach Chinon ziehen? Ich muß zum Dauphin, Gott will es so.«

Doch Baudricourt und der Priester verließen Jeanne, ohne ihr eine Antwort gegeben zu haben.

Auch die Antwort des Königshofes auf Baudricourts Schreiben ließ auf sich warten. Jeanne wurde immer ungeduldiger. Nervös lief sie vor dem Burgtor auf und ab.

»Was hast du eigentlich hier verloren?« fragte Jean de Metz, ein junger Ritter im Dienste Baudricourts, als er das Mädchen im geflickten roten Wollkleid und in dunkler Kapuzenpelerine schon wieder vor dem Burgtor stehen sah.

»Ich warte, bis Baudricourt meinem Willen nachgibt«, antwortete Jeanne. »Ich bin nach Vaucouleurs gekommen, um von Robert de Baudricourt Hilfe zu verlangen. Er muß mich zum König nach Chinon schicken.«

»Was willst denn du in Chinon?« unterbrach sie Jean de Metz mit unüberhörbarem Spott.

Unbeirrt fuhr Jeanne fort: »Aber Baudricourt kümmert sich nicht um mich und läßt sich überhaupt nicht von meinen Worten beeindrucken. Ich muß aber noch vor Mitte der Fastenzeit beim Dauphin sein, sonst ist Frankreich verloren.«

»Soso«, rief Jean de Metz belustigt, »und du glaubst wirklich, Frankreich retten zu können?«

»Ja«, antwortete Jeanne einfach. »Nur ich kann Frankreich Hilfe bringen. Ich muß es tun, denn es ist der Wille meines Herrn.«

»Wer ist denn dein Herr?« fragte Jean de Metz, neugierig geworden.

»Gott ist mein Herr«, antwortete Jeanne ernst.

Einen Moment lang verschlug es dem Ritter die Sprache. Er schaute Jeanne an und suchte aus ihrem Gesicht zu lesen, ob sie scherzte. Ruhig und entschlossen hielt Jeanne seinem Blick stand. Von ihrer starken Ausstrahlung angezogen, reichte ihr Jean de Metz die Hand und versprach, sie nach Kräften zu unterstützen und sie zum König zu geleiten.

»Wann willst du denn aufbrechen?« fragte er.

»So schnell wie möglich. Lieber heute als morgen. Es ist weit bis Chinon. Ich habe gehört, ein Reiter brauche zwei Wochen für diese Strecke.«

»Kannst du denn reiten?« fragte Jean de Metz besorgt.

»Auf dem Hof meines Vaters habe ich mich manchmal um die Pferde gekümmert, sie zur Tränke oder auf die Weide geführt«, sagte Jeanne. »Natürlich habe ich auch schon auf einem Pferd gesessen, wenn ich es in den Stall zurückbringen mußte.«

»Und da willst du quer durch Frankreich reiten? Mitten im Winter? Und dann sogar auf einem Streitroß in den Krieg ziehen? In schwerer Rüstung ein stürmisches Kriegspferd zu beherrschen, ist sogar für geübte Krieger kein Kinderspiel. Fürchtest du dich denn gar nicht?« bedrängte der Ritter das Mädchen.

Jeanne schüttelte den Kopf. »Nein! Ich habe überhaupt keine Angst. Gott wird mich führen.«

Einige Tage später riß Baudricourts Diener Jeannes Kammertüre auf und meldete: »Jeanne, du sollst zum Hauptmann kommen.«

Jeanne sprang auf. »Endlich!« rief sie, legte rasch ihre Pelerine um und ging mit schnellen Schritten in die Burg.

Wieder stand sie vor Baudricourt. Gespannt blickte sie zu ihm auf. Sie versuchte aus seiner Miene zu erraten, ob er ihr heute die verlangte Begleitung geben werde oder nicht.

Baudricourt räusperte sich und trat dicht vor Jeanne hin: »Heute morgen ist ein Bote aus Chinon eingetroffen. Im Eiltempo hat er die feindlichen Linien passiert und den Bescheid des Dauphins gebracht: Du sollst an den

Königshof kommen. Morgen abend wirst du mit einigen Begleitern aufbrechen können.«

Jeanne strahlte. »Ich habe gewußt, daß Ihr mich an den Königshof schickt. Meine Stimme hat es mir gesagt.« Und bevor Baudricourt etwas erwidern konnte, fuhr Jeanne fort: »Nun brauche ich eine geeignete Ausrüstung. Mein Kleid taugt nicht für einen so weiten Ritt. Ich benötige Männerkleider, Reithosen, ein Wams und Stiefel. Niemand soll unterwegs merken, daß ich ein Mädchen bin. Natürlich brauche ich auch ein Pferd. Bis morgen werde ich schon alles Notwendige beschafft haben.«

Baudricourt kam aus dem Staunen nicht heraus. War dies noch das einfache Dorfmädchen, das ihn um Hilfe angefleht hatte? Nun, da man bei Hof Jeannes Kommen befürwortet und ihn von seiner Verantwortung entlastet hatte, begann auch er Vertrauen in das Mädchen zu fassen, das mit so viel Selbstsicherheit und Zielstrebigkeit ans Werk ging. Freundlich legte er ihr seine Hand auf die Schulter und sprach: »Du bist doch mehr als ein hergelaufenes Bauernmädchen. Hoffentlich erreichst du auch beim Dauphin dein Ziel!«

Unter den Bewohnern von Vaucouleurs hatte es sich bereits herumgesprochen, daß Jeanne aus Domremy in der Burg des Hauptmanns vorgesprochen und von ihm eine Begleitmannschaft verlangt habe, die sie zum Dauphin nach Chinon führen solle. Zuerst hatten die Landleute ihren Ohren nicht getraut. Ein anständiges sechzehnjähriges Mädchen gehörte doch brav nach Hause und nicht auf einen Pferderücken! Und bei Hof hatte ein Bauernmädchen sowieso nichts zu suchen!

Argwöhnisch beobachteten die Leute Jeanne, wie sie täglich zur Kirche ging und dort lange im Gebet versunken blieb. Ob sie wirklich die Stimmen der Heiligen hörte, wie sie vorgab?

Schon nach wenigen Tagen hatte Jeanne mit den Leuten zu sprechen begonnen, und innerhalb kurzer Zeit scharte sich ein großer Kreis von neugierigen Zuhörern um sie, die staunend ihren Worten lauschten. Ging die Rettung Frankreichs nicht sie alle an?

Jeanne weckte Hoffnung und Zuversicht. Ihre glühende Rede riß die Menschen mit. Ihr Mitleid und ihre Verehrung für den Dauphin wirkten ansteckend. Obwohl sie ihren Herrscher noch nie gesehen hatten, fühlten sich die Untertanen von Vaucouleurs auf einmal eng mit dem Dauphin verbunden. Wie ein Lichtstrahl erschien ihnen dieses Mädchen, das es wagte, für ihn, für das bedrohte Frankreich, für sie alle zu kämpfen.

Sie waren bereit, ihr zu helfen, soweit es ihre bescheidenen Mittel erlaubten. Jetzt, da Jeanne aufbrechen wollte, gaben sie ihr alles, was sie verlangte. Ein Bürger brachte ein Paar Reitstiefel, ein anderer schenkte ihr ein schwarzes Wams und einen grauen, knielangen Mantel, wie die Männer ihn trugen, ein dritter kam mit einer Reithose seines Sohnes, die Jeanne ungefähr paßte. Die Leute hatten auch Geld gesammelt, um ihr ein Pferd zu kaufen.

»Vielen Dank für eure Hilfsbereitschaft«, sagte Jeanne, als sie die Gaben entgegennahm. »Jetzt bin ich gut ausgerüstet für meinen Ritt und gegen Kälte und Unwetter geschützt. Vor allen anderen Gefahren werden mich die heilige Katharina und die heilige Margaretha schützen, wie es mir der heilige Michael versprochen hat.«

Die Neuigkeit vom bevorstehenden Aufbruch Jeannes drang auch nach Domremy. Das ganze Dorf, vor allem aber ihre Eltern, waren über das ungeheuerliche Vorhaben des Mädchens aufgebracht.

»Sie hängt sich an die Soldaten, genau wie ich es in meinem Traum vorausgesehen habe!« tobte der Vater. »Das ist eine Schande für unsere ganze Familie!«

Die Mutter konnte es nicht fassen, daß ihre Jeannette, die immer so gut und gottesfürchtig gewesen war, auf einmal hinter den Männern herlaufe, in Männerkleidern sogar, und dazu noch behaupte, es geschehe auf Gottes Geheiß. Furchtbare Angst um ihre Tochter schnürte ihr das Herz zusammen. Vielleicht würde sie das Mädchen nie wiedersehen.

Die unglücklichen Eltern sandten noch am selben Abend den schnellsten Reiter des Dorfes nach Vaucouleurs. Er sollte Jeanne beschwören, von ihrem verwerflichen Vorhaben abzulassen.

Vergeblich. Jeanne diktierte einen Brief an Vater und Mutter, da sie ja selbst nicht schreiben konnte. Sie bat um Verzeihung für den Kummer, den sie ihnen bereiten mußte.

»Da Gott es befahl, mußte ich fort, und hätte ich hundert Väter und hundert Mütter gehabt. Und wäre ich ein Königskind, ich müßte gehen!« ließ sie schreiben.

Trotz der großen Kälte verfolgten am Abend des 22. Februar 1429 viele Zuschauer den Aufbruch Jeannes und ihrer sechs Begleiter, unter denen sich auch Jean de Metz und sein Knappe Bertrand befanden. Sie wünschten dem kleinen Trupp Glück auf dem unsicheren Weg quer durch Frankreich. Auch Baudricourt kam zur »porte de France«, dem Stadttor an der Straße nach Frankreich. Feierlich überreichte er Jeanne ein Schwert.

»Geh«, sagte er, »geh! Und es möge geschehen, was geschehen muß.«

Der Abschied von Jeanne berührte ihn so sehr, daß er keine weiteren Worte fand.

Als die kleine Schar losritt, war es bereits Nacht geworden. Die Männer hatten Baudricourt versprechen müssen, das Mädchen sicher und so heimlich wie möglich nach Chinon zu geleiten. Jean de Metz hatte Wort gehalten. Er ritt an seiner Seite und fühlte sich für sein Leben verantwortlich. Immer wieder schaute er auf die neben ihm reitende Jeanne, die in ihren Männerkleidern gar nicht mehr mädchenhaft wirkte. Er staunte, wie gut sie sich im Sattel hielt und wie selbstbewußt sie war.

Dichter Nebel kam auf. Man konnte kaum die Hand vor den Augen erkennen. Leise sagte Jean de Metz zu Jeanne:

»Wir müssen sehr vorsichtig sein, mehr als die Hälfte unseres Weges führt durch feindliches Gebiet.«

Jeanne nickte, obwohl sie keine genaue Vorstellung vom Verlauf ihrer Route hatte, wichtig war ihr nur das Ziel, Chinon.

Jean de Metz lenkte sein Pferd noch näher zu Jeanne heran und fuhr flüsternd fort: »Wir werden meist in der Nacht reiten. Tagsüber verstecken wir uns in verlassenen Bauernhöfen. In der Nähe von Ortschaften umwickeln wir die Hufe der Pferde mit Lappen, damit uns der laute Hufschlag nicht verrät. Auch auf Wölfe, Straßenräuber und herumstreunende Soldatenbanden müssen wir gefaßt sein. Aber wir werden es schon schaffen.«

Charles oder Heinrich?

Charles, der Dauphin, saß im Schloß von Chinon und starrte niedergeschlagen in die Flammen des Kamins, die den weiten, hohen Raum weder zu wärmen noch zu erhellen vermochten. Düster und kalt war es um ihn und in seinem Innern. Er fröstelte und hüllte sich fester in seinen pelzgefütterten Mantel.

›Bin ich der rechtmäßige Thronfolger oder nicht? Bin ich wirklich der leibliche Sohn meines Vaters und der Erbe seiner Krone?‹ fragte er sich immer wieder, und auch jetzt ließen sich die quälenden Zweifel nicht verscheuchen und hielten ihn in lähmender Ungewißheit gefangen.

Vor mehr als acht Jahren, unmittelbar nach der Ermordung des Burgunderherzogs, hatten seine Eltern – sein geisteskranker, dem Wahnsinn verfallener Vater, König Charles VI., und seine für ihren ausschweifenden und lasterhaften Lebenswandel berüchtigte Mutter Isabeau – ihn für unehelich erklärt, verstoßen und von der Thronfolge ausgeschlossen. Im schändlichen Vertrag von Troyes war 1420 bestimmt worden, daß nicht er, sondern sein Neffe, der Sohn des englischen Königs und seiner eigenen Schwester, die französische Krone erben und König von Frankreich und von England sein sollte. Er selbst und mit ihm Frankreich schienen durch dieses niederträchtige Abkommen zum Untergang verdammt.

Erst sieben Jahre alt war Heinrich, sein Neffe und Rivale. Nach dem frühen Tod seines Vaters war er bereits als Säugling König von England und Frankreich geworden. Der jugendliche König lebte als Halbwaise auf der anderen Seite des Kanals in England, aber sein Onkel und Vormund, der ehrgeizige, diplomatisch gewandte Herzog von Bedford, kämpfte als Regent für Heinrich in Frankreich. Im Bündnis mit dem mächtigen Herzog Philipp von Burgund hatte er

Charles VII. (Gemälde, 15. Jahrhundert)

schon die Hälfte des vom Bürgerkrieg zerrissenen Frankreich in seine Gewalt gebracht. Jetzt holte er gar zum vernichtenden Schlag gegen ihn, den verfemten Dauphin, aus und belagerte die Stadt Orléans.

Paris, seine Hauptstadt, hatte Charles schon lange verloren. Der Dauphin erinnerte sich mit Grauen an jene schreckliche Nacht vor zehn Jahren, als eine Handvoll treugebliebener Anhänger ihn aus dem Schlaf gerüttelt, im bloßen Hemd vor den heranrückenden Burgundern gerettet und ihm zur Flucht aus Paris verholfen hatte.

Nun war er sechsundzwanzig Jahre alt. Viele seiner Vorfahren hatten in diesem Alter bereits Heldentaten vollbracht und Frankreich zu Ruhm und Größe geführt. Und er, der kleingewachsene, häßliche Charles? Hilflos, untätig und ohnmächtig mußte er zusehen, wie Frankreich, vor Jahren noch das mächtigste Reich des Abendlandes, in fremde Hände fiel, dem Ruin entgegentrieb.

Die schwachen Versuche, seine Herrschaft wenigstens südlich der Loire zu behaupten, hatten kaum Früchte getragen. Sein Reich war ohne Kraft, wie er selbst. Er war zwar zum König seines zusammengeschrumpften Reiches ausgerufen und in einer improvisierten Feier gekrönt worden. Aber was zählte das schon? *Reims* war seit Jahrhunderten die Krönungsstadt der französischen Könige. Nur wer dort gesalbt und gekrönt wurde, war der wahre, vom Volk als rechtmäßig anerkannte König. Nie würde er dorthin gelangen; die Stadt war unerreichbar, weit entfernt und fest in englisch-burgundischer Hand.

Charles war so sehr in seine trüben Gedanken verstrickt, daß er das leise Eintreten seiner Frau überhörte. Als er ihre Hand auf seiner Schulter spürte, fuhr er zusammen.

»Du hast mich erschreckt, Marie«, sagte er, »weshalb störst du mich?«

Die junge Königin seufzte. »Ich wollte nur nach dir sehen«, antwortete sie schüchtern, »ich habe doch bemerkt, wie unglücklich du bist. Kann ich dir denn gar nicht helfen?«

»Helfen? Das kannst du ebensowenig wie alle anderen, die sich hier bei Hof um mich bemühen oder so tun, als ob sie sich bemühten«, erwiderte Charles bitter. »Solange ich nicht weiß, ob ich der rechtmäßige Thronfolger bin oder nicht, gibt es nichts zu helfen. Geh jetzt, laß mich allein!«

Traurig verließ Marie das Gemach. Sie wagte nicht, gegen Charles' Willen bei ihm zu bleiben, denn sie war dazu erzogen worden, sich stets gehorsam ihrem Gemahl zu fügen. Aber sie machte sich Sorgen um Charles, der keinen Ausweg aus dem Teufelskreis seiner Gedanken fand und dabei immer einsamer und verdrießlicher wurde.

Noch viel kälter als im Schloß Chinon waren die Winternächte, durch die Jeanne und ihre Begleiter den Weg an den Königshof suchten. Fest in ihre Kapuzen eingemummt, kämpften sie sich durch die eisigen Stürme und das immer heftiger werdende Schneegestöber.

»Ich kann die Zügel kaum mehr halten, so kalt sind meine Hände«, stöhnte Bertrand, der Knappe.

»Ich bin auch schon halb erfroren«, klagte sein Kamerad. »Ein solches Unwetter habe ich noch nie erlebt. Wahrscheinlich haben wir schon längst die Richtung verloren und irren im Kreis umher. So werden wir Chinon nie erreichen.«

Jeanne hörte das Flüstern hinter ihrem Rücken, aber sie wandte sich nicht um. Stumm trabte sie neben dem treuen Jean de Metz dem Trupp voran. Ihre Gedanken waren schon beim Dauphin. Wie würde er sie empfangen?

Sie hatte gar nicht auf den Weg geachtet und bemerkte erst, als ihr Pferd seinen Gang verlangsamte, daß ihnen ein Fluß den Weg versperrte. Eine Weile ritten sie im Schritt am Ufer entlang.

»Halt!« rief Jean de Metz, »hier ist weit und breit kein Übergang zu sehen. Und die Brücke im nächsten Dorf können wir unmöglich benutzen, denn wir sind noch immer im Gebiet der Feinde. Wenn sie uns erkennen, nehmen sie uns gefangen. Es gibt nur eines, wir müssen eine Furt suchen.«

Mehrmals wagten sie sich in den eisigen Fluß vor, mußten jedoch immer wieder umkehren, weil das reißende Wasser sie fortzuspülen drohte. Nach langem Suchen fanden sie eine untiefe Stelle und erreichten schließlich durchnäßt und durchfroren das andere Ufer.

»So geht es nicht weiter«, murrte einer der erschöpften

Männer, und die anderen nickten. »Wir wollen umkehren. Es ist unmöglich, zu dieser Jahreszeit einen so gefährlichen Gewaltritt zu wagen.«

Da rief Jeanne zuversichtlich: »Wir brauchen nichts zu befürchten. Unser Weg ist frei, ich weiß es. Habt Vertrauen in Gott und meine Heiligen!«

Nur dank Jeannes unermüdlichem Zuspruch hielten die Männer aus. Nach einigen Tagen lag der gefährlichste Teil ihres Weges hinter ihnen. Sie hatten das Herrschaftsgebiet des Dauphins erreicht. Am Horizont erblickten sie die Kirchturmspitze von Sainte-Catherine de Fierbois. An diesem Wallfahrtsort wollten sie rasten und sich kurz von den Anstrengungen des Rittes erholen.

Während sich die Gefährten in der Herberge wärmten, lief Jeanne zur kleinen Kirche, deren Glocken eben zum Gottesdienst läuteten. Sie sehnte sich danach, wieder einmal die Messe zu hören. Nach der Andacht blieb Jeanne allein in der Kirche zurück. Sie warf sich vor der Statue der heiligen Katharina auf die Knie.*

»Heilige Katharina, Beschützerin der Jungfrauen, steh mir bei«, betete sie. »Ich danke dir, daß du mich so sicher bis hierher geleitet hast. Ich flehe dich an, schenke mir auch weiterhin die Kraft zur Erfüllung des göttlichen Befehls. Hilf mir, die richtigen Worte zu finden, um den Dauphin von meiner Sendung zu überzeugen.«

Langsam erhob sich Jeanne. Sie schaute sich im Kirchenraum um. Da lag Kriegsgerät aller Art auf dem Fußboden.

»Weshalb liegen hier so viele Waffen?« fragte sie den Kirchendiener, der gerade die Kerzen auf dem Altar ausblies.

»Befreite Kriegsgefangene und verwundete Soldaten pilgern hierher und bringen ihre Waffen als Opfergaben dar, zum Dank für ihre Rettung«, erklärte ihr der alte Mann.

* Die Statue der heiligen Katharina ist noch heute im Chor des Gotteshauses Sainte-Catherine de Fierbois zu sehen.

»Seit langem ist es so Brauch, nicht nur hier, auch in anderen Kirchen.«

Jeanne wunderte sich und konnte sich lange nicht vom Anblick der Rüstungen und Schwerter losreißen. Der Kirchendiener beobachtete neugierig das junge Mädchen in seiner aufsehenerregenden Männertracht. Weshalb interessierte es sich wohl so sehr für diese alten Waffen?

Es dunkelte schon, als Jeanne die Kirche verließ und zum Gasthaus zurückkehrte, wo ihre Begleiter beim Wein saßen.

»Wie weit ist es jetzt noch bis Chinon?« fragte sie Jean de Metz.

»Noch ein bis zwei knappe Tagesreisen«, antwortete er, »wenn wir in keinen Hinterhalt geraten.«

»Gut. Einer von euch soll vorausreiten und dem Dauphin meine bevorstehende Ankunft melden«, forderte Jeanne, und als sich Bertrand erhob, fuhr sie mit freudiger Stimme fort: »Bring ihm Botschaft von mir! Dies sind meine Worte: ›Edler Dauphin! Einhundertfünfzig Meilen* habe ich zurückgelegt, um Euch Hilfe zu bringen. Ich weiß viele Dinge zu Eurem Guten. Prüft mich! Ich werde Euch unter allen anderen erkennen!«

Nach elf abenteuerlichen Tagen und Nächten lag endlich die mächtige, hoch über den Fluß und die Stadt Chinon aufragende Festung vor Jeanne und ihren Gefährten. Jeannes Herz klopfte schneller. Schon bald würde sie vor dem verehrten Dauphin stehen und ihm sagen können, daß sie ihm göttliche Hilfe bringe.

In fliegendem Galopp legte sie die letzte Strecke bis zum Stadttor zurück. Die Begleiter hatten Mühe, ihr zu folgen.

»Wohin so eilig?« fragte der Wächter, als er die verschwitzten, über und über mit Schmutz bespritzten Reiter anhielt.

* 150 Meilen: rund 550 km

»Zum Dauphin! Fragt nicht lange, laßt uns passieren, wir werden erwartet«, stieß Jeanne atemlos hervor. »Sagt uns lieber schnell, wo wir eine Herberge finden.«

»Bei der großen Kreuzung am Fuß des Berghügels. Ihr könnt sie nicht verfehlen«, gab der Wächter Auskunft. »Was habt ihr denn dem Dauphin so Dringendes zu melden?« Aber die fremden Reiter hatten die Frage schon nicht mehr gehört. Sie sprengten bereits durch die Vorstadt, gefolgt von den neugierigen Blicken der Anwohner.

Eine schmale, von hohen Fachwerkhäusern gesäumte Straße führte geradewegs zum Gasthaus. Jeanne schwang sich vom Pferd, warf die Zügel einem herbeieilenden Knecht zu und rief: »Jetzt schnell zum Dauphin!«

Aber so schnell, wie Jeanne sich das gedacht hatte, ging es nicht.

Am Tag nach Jeannes Ankunft in Chinon empfing der Dauphin im Audienzsaal des Schlosses seine königlichen Ratgeber. Einmal mehr befragte er sie, wie der drohende Zusammenbruch des Reiches zu verhindern sei. Alle waren sich einig, daß etwas geschehen müsse, aber was? Darüber gingen die Meinungen weit auseinander.

Zur Diskussion stand auch, ob das sonderbare Mädchen, über das schon manche Gerüchte im Umlauf waren, zum Dauphin vorgelassen werden solle oder nicht. Auch darüber waren sich die Räte nicht einig, denn jeder einzelne rang eifersüchtig und ehrgeizig um Gunst und Einfluß beim Dauphin. Jeder versuchte, Charles' Schwäche und Antriebslosigkeit zum eigenen Vorteil auszubeuten. Doch keiner wußte, ob ihm Jeanne schaden oder nutzen würde.

Der Rat war in zwei Lager gespalten: Auf der einen Seite standen die gemäßigten »Tauben« unter der Führung von Großmarschall Georges de la Trémoïlle und von Regnault de Chartres, der sowohl Kanzler von Frankreich als auch Erzbischof von Reims war. Sie vertraten die Ansicht, daß der Krieg mit friedlichen Mitteln, durch Vermittlung oder Verhandlungen, zu beendigen sei.

Auf der anderen Seite standen die zum Krieg drängenden »Falken«, zu deren Vertretern vor allem die obersten Feldherren, auch Dunois und La Hire, zählten. Ihr Ziel war es, die englisch-burgundischen Feinde mit Waffengewalt zu schlagen.

Der Dauphin selbst neigte bald zu den Tauben, bald zu den Falken. Unentschlossen schwankte er zwischen den gegensätzlichen Meinungen hin und her und lähmte durch seine Unschlüssigkeit beide Parteien.

»Dieser Krieg hat bereits genug Blut gekostet und überall nur Haß, Zerstörung und Unglück gebracht«, argumentierte eben La Trémoïlle. »Besinnt Euch doch einmal darauf, daß alle beteiligten Fürsten, seien sie nun Franzosen, Burgunder oder Engländer, untereinander Geschwister, Vettern, Schwäger oder Erben sind. Warum nicht Nutzen aus diesen verwandtschaftlichen Beziehungen ziehen? Ein geschickter Unterhändler sollte zwischen den Parteien vermitteln, Burgund und England voneinander spalten und einen für alle annehmbaren Frieden aushandeln.«

»Solange unsere Gegner Sieg auf Sieg erringen, sind sie taub für unsere Friedensvorschläge«, warf der Dauphin dazwischen, »die Vermittlungsversuche, die wir bisher unternommen haben, sind alle kläglich gescheitert.«

»Nur die Waffen können entscheiden, verflucht noch mal«, rief La Hire laut. »Verwandtschaft hin oder her. Der König soll endlich ein schlagkräftiges Heer aufstellen. Nur mit Schwertern und Kanonen können wir die Goddams* daran hindern, Orléans und den Rest von Frankreich zu überrennen.«

»Und vor die Kanonen stellst du die Jungfrau?« höhnte La Trémoïlle.

* Goddams: Schimpfname der Franzosen für die Engländer

»Unsinn! Bringt Eure Witze lieber bei den Engländern und Burgundern an«, gab La Hire zurück. »Wir brauchen Soldaten und keine Jungfrau, die sich in unsere Angelegenheiten einmischt.«

»Aber meine Herren«, schaltete sich wieder der Dauphin ein, »wie soll ich denn ein Heer ausrüsten? Ich habe weder Männer noch Geld. Das Land liegt brach, ist verwüstet, geplündert und wirtschaftlich ruiniert. Krieg, Hungersnöte und Seuchen haben ein Drittel der Bevölkerung dahingerafft. Nur ein Wunder kann uns noch retten!«

»Meint Ihr etwa eine wunderbare Jungfrau?« fragte der Erzbischof von Reims vorsichtig.

»Wer weiß. Hören wir doch das Mädchen aus Lothringen einmal an, von dem uns Baudricourt aus Vaucouleurs geschrieben hat. Wir haben sie doch nicht umsonst kommen lassen«, meinte der Dauphin. »Vielleicht bringt sie wirklich Gottes Hilfe.«

Ohne auf das spöttische Lächeln zu achten, das sich auf manchen Gesichtern zeigte, fuhr er fort: »Ich habe eine Idee. Morgen wollen wir ihre göttlichen Eingebungen auf die Probe stellen. Ich verberge mich unter Euch, meine Herren, und einer von Euch setzt sich an meiner Stelle auf den Thron, um das Mädchen zu empfangen. Wir werden ja sehen, wie sie sich verhält.«

›Das könnte lustig werden!‹ dachten die Ratgeber und stimmen diesem Plan zu.

Während sich die königlichen Räte hoch oben im Schloß über die kritische Lage des Reiches und über die Jungfrau ereiferten, wartete Jeanne ungeduldig und verzweifelt unten in der Herberge. Warum ließ man sie denn nicht zum Dauphin? Sie fastete und betete. Ein Tag verstrich, ein zweiter. Endlich am dritten Tag kam ein Bote und forderte sie auf, an den Hof zu kommen.

Mit klopfendem Herzen stieg Jeanne den steilen Berg zur ringsum durch Türme und Wassergraben befestigten Schloßanlage empor. Über die Zugbrücke betrat sie den

Vorhof und ging grüßend an den Wachsoldaten vorbei, die sie lüstern von oben bis unten musterten.

Da hörte sie, wie einer hinter ihrem Rücken höhnte: »Das ist sie also, die Jungfrau. Ich schwöre bei Gott, wenn ich sie nur eine einzige Nacht bei mir hätte, wäre sie bestimmt keine Jungfrau mehr.«

Die anderen Soldaten lachten über den groben Scherz. Jeanne aber blieb stehen, blickte sich nach dem Spötter um und sah ihn lange ernst an. Einer plötzlichen Eingebung folgend sagte sie zu ihm: »Was lästerst du Gott und bist so nah am Tod?« Nachdenklich ging sie weiter.

Bereits eine Stunde später stellte sich heraus, daß Jeannes Vorsehung richtig gewesen war: der Soldat stürzte in einen Wassergraben und ertrank vor den Augen seiner bestürzten Kameraden.

Dutzende von Fackeln erleuchteten den großen Rittersaal, in welchem Jeanne erwartet wurde. Mehr als dreihundert Adelige mit ihren Damen standen in kleinen Gruppen beisammen oder saßen auf den steinernen Bänken in den Fensternischen.

Die eleganten Hofleute waren in kostbare Gewänder aus schwerem Brokat und in pelzverbrämte Mäntel gekleidet, die bis auf die spitzen, überlangen Schnabelschuhe herabfielen. Die Damen trugen turmhohe Schleierhauben, die nach der neuesten Mode die Haare vollständig verdeckten. Leise unterhielten sie sich miteinander über die Ankunft der rätselhaften Jungfrau.

Mit einem Schlag verstummten alle Gespräche, Jeanne war eingetreten. In ihren abgetragenen Männerkleidern, die sie seit ihrem Aufbruch von Vaucouleurs nicht mehr gewechselt hatte, das dunkle Haar nach Jungenart kurz und rund geschnitten, stand sie in der Türe.

Ihre Augen blickten suchend umher.

»Was zögerst du? Dort auf dem Thron sitzt der König. Geh, verbeuge dich!« raunte ihr der sie begleitende Graf ins Ohr.

Langsam schritt Jeanne vorwärts, einen kurzen Augenblick blieb sie prüfend vor dem Thron stehen, dann schüttelte sie energisch den Kopf und ging, von ihren Stimmen geleitet, geradewegs auf den kleinen, schmächtigen Charles zu, der sich im Hintergrund unscheinbar zwischen seinen Höflingen verborgen hielt.

In einer heftigen Gemütsbewegung kniete sie vor ihm nieder und sprach mit sanfter, doch bestimmter Stimme: »Gentil Dauphin, j'ai nom Jehanne la pucelle ... Edler Dauphin, ich bin Jeanne, die Jungfrau genannt. Der König des Himmels tut Euch durch mich kund, daß Ihr zu Reims gesalbt und gekrönt werdet und der Statthalter des Himmelskönigs, welcher der Herr Frankreichs ist, sein werdet. Ich sage Euch im Auftrag des Herrn, daß Ihr der rechtmäßige Erbe Frankreichs seid und der Sohn des Königs. Und der Herr schickt mich zu Euch, um den Krieg gegen die Engländer zu führen und Euch nach Reims zu geleiten, damit Ihr dort Eure Krone und Eure Weihe empfangt, wenn Ihr es wollt.«

Ohne ihren Blick vom Dauphin zu wenden, fügte sie nach einer kurzen Pause leise hinzu: »Zögert nicht, denn ich werde ein Jahr dauern, mehr nicht.«

Nachdem Jeanne diese Worte gesprochen hatte, blieb es ganz still im großen Saal. Niemand wagte das feierliche Schweigen zu brechen. Die Augen der adligen Damen und Herren waren gebannt auf die vor dem Dauphin kniende Jungfrau gerichtet. Ihre staunenden Gesichter schienen zu fragen: ›Woher kennt dieses einfache Bauernmädchen die alte, schon beinahe vergessene Tradition, daß Gott der oberste Herr des französischen Reiches und der König sein Stellvertreter ist? Woher hat sie die Gewißheit, daß Charles der wahre Erbe seines Vaters ist? Spricht Gott selbst durch den Mund dieser Jungfrau?‹

Am stärksten von Jeannes Rede bewegt war der Dauphin, denn ihre Verheißung hatte die empfindlichste Stelle seines Wesens getroffen: seine königliche Abstammung.

Erregt nahm er Jeannes Hand, half ihr aufzustehen und führte sie in ein angrenzendes Gemach. Er wollte ohne Zeugen mit ihr sprechen und mehr über ihren himmlischen Auftrag erfahren.

Als Charles gemeinsam mit Jeanne wieder in den Saal zurückkam, war er wie verwandelt. Sein Gesicht, das sonst finster und traurig war, strahlte Sicherheit und Kraft aus.

Was war geschehen?

Hatte Gott aus Mitleid mit Frankreich ein Wunder bewirkt? Hatte Jeanne den Dauphin wirklich von seiner königlichen Abstammung und ihrer göttlichen Sendung überzeugen können? Hatte die Jungfrau ihm gar ein sichtbares »Zeichen« als Beweis dafür gegeben?

Die Anwesenden konnten sich die schlagartige Veränderung ihres Königs nicht erklären, aber sie spürten, daß Jeannes Worte beim Dauphin Selbstvertrauen und Hoffnung für die Rettung seines Königreiches geweckt haben mußten. Nur zu gerne hätten die Hofleute gewußt, was tatsächlich zwischen Jeanne und dem Dauphin geschehen war. Was konnte eine solche Wandlung seines Wesens bewirkt haben? Aber der Dauphin, ebenso wie Jeanne, schwieg sich darüber aus.

Es ist nichts Böses weder an Jeanne noch an ihren Reden

Als die Audienz zu Ende war, ordnete der Dauphin an, daß Jeanne in seiner Nähe bleiben und nicht in die Herberge zurückkehren solle. Trotz ihrer gegen die Sitte verstoßenden Männerkleider erhielt sie Unterkunft im Schloß.

Während der Nacht war sie von Frauen umgeben; tagsüber wurde sie, die von zu Hause gewohnt war, überall selbst Hand anzulegen, von einem Pagen aus adeliger Familie, Louis de Contes, bedient.

Da Louis oft in ihrer Nähe war, entging ihm nicht, daß Jeanne häufig niederkniete und betete, manchmal sah er sie auch weinen, aber er war zu jung und zu schüchtern, um sie nach der Ursache ihrer Tränen zu fragen. Er beobachtete außerdem, daß viele hochgestellte Persönlichkeiten in ihr Turmzimmer kamen und sich lange mit Jeanne berieten. Er kannte nicht alle mit Namen, nur den jungen, gutaussehenden Herzog von Alençon, den Vetter des Dauphins, und den heißblütigen Marschall La Hire. Aber die Anwesenheit dieser beiden einflußreichen Männer genügte ihm als Beweis, daß das Mädchen, um das er sich zu kümmern hatte, etwas Besonderes sein mußte.

»Wir müssen nach Orléans«, wiederholte Jeanne immer wieder unbeirrt, »wir dürfen keine Zeit mehr verlieren, sonst kommt unsere Hilfe zu spät. Ich kann es kaum erwarten, endlich den Engländern Einhalt zu gebieten. Weshalb schickt mich der Dauphin nicht sogleich zur Befreiung der belagerten Stadt? Weshalb zögert er nur so lange?«

Die meisten der adeligen Herren zuckten die Achseln, sie kannten Charles' schwachen Charakter gut genug, um zu wissen, daß es stets lange dauerte, ehe er einen Entschluß faßte. Der Herzog von Alençon und La Hire ließen sich jedoch von Jeannes Schwungkraft anstecken und versprachen, ihr Anliegen im Kronrat zu unterstützen.

In den nächsten Tagen kam in der königlichen Ratsversammlung wiederholt Jeannes Begehren, Orléans zu befreien, zur Sprache. Sollte man ihrem Willen nachgeben? Durfte man der sonderbaren Jungfrau trauen oder nicht? Die Entscheidung fiel nicht leicht.

»Ihre Majestät kann doch das fremde Mädchen nicht nach Orléans schicken, ohne sich vergewissert zu haben, ob es wirklich von Gott gesandt ist«, gab der Chef des Kronrates, La Trémoïlle, dem Dauphin zu bedenken, »man braucht doch einen eindeutigen Beweis, daß sie die Wahrheit spricht.«

»Weshalb denn?« widersprach der Herzog von Alençon. »Wunderbarerweise hat der Himmel die Jungfrau gerade im Augenblick höchster Not geschickt, das beweist doch, daß sich Gott auf die Seite Frankreichs gestellt hat. Übrigens hat mir Jeanne gesagt, daß sie noch viel mehr wisse und könne, als sie uns bis jetzt anvertraut habe. Das glaube ich ihr aufs Wort.«

»Es könnte aber ebensogut sein, daß sie mit dem Teufel im Bunde ist, man weiß ja nie«, entgegnete der Erzbischof von Reims mißtrauisch. »Möglicherweise ist sie eine Hexe, eine Besessene oder nur eine Gauklerin. Es wäre nicht das erste Mal, daß eine falsche Prophetin oder Zauberin bei Hof erscheint, um ihre zweifelhaften Dienste anzubieten.«

Charles saß auf seinem Thron und verfolgte stumm die Debatte. ›Genügt das Zeichen, das Jeanne mir bei der geheimen Unterredung im Nebenzimmer gegeben hat, als Beweis, daß sie die Wahrheit gesagt hat?‹ überlegte er. ›Meine Berater scheinen daran zu zweifeln, vielleicht zu Recht? Sie haben ja das wunderbare Zeichen nicht sehen können. Aber Jeanne hat mir doch versichert, daß ich der rechte Thronfolger bin . . .‹

»Gut«, lenkte er schließlich ein. »Bringt das Mädchen nach Poitiers, der Universitätsstadt Unseres Reiches, wo sich Unsere besten Gelehrten niedergelassen haben, nachdem sie durch die Engländer von der Universität Paris vertrieben worden sind. Die Professoren, die klugen Geistlichen und erfahrenen Juristen sollen Jeanne prüfen und dem Kronrat Bericht über sie erstatten. Ihr Urteil wird darüber entscheiden, ob Wir Jeanne glauben und sie nach Orléans ziehen lassen oder sie dorthin zurückschicken, woher sie gekommen ist.«

»Wozu nur diese unnütze Verzögerung?« fragte Jeanne voller Verzweiflung, als ihr der Bescheid des Dauphins mitgeteilt wurde. »Ich werde den Professoren in Poitiers auch nicht mehr sagen können, als ich dem Dauphin bereits offenbart habe.«

Aufgebracht, weil man ihr nicht aufs Wort glaubte, lief sie in ihrem Turmzimmer hin und her. »Ich bin doch nicht hierher gekommen, um mich ausfragen zu lassen, sondern um Frankreich zu retten«, rief sie. »Meine Stimmen haben mir doch klar und deutlich aufgetragen, Orléans zu befreien und Charles zur Krönung nach Reims zu führen, weil Gott es so will.«

Aber es blieb ihr nichts anderes übrig, als zu gehorchen, und so ritt sie im Gefolge des Königs, den Geldgeschäfte dorthin riefen, nach Poitiers.

Ihre Prüfung bestand Jeanne mit Glanz. Durch ihr selbstbewußtes Auftreten, ihren leidenschaftlichen Vortrag und ihre Schlagfertigkeit konnte sie die Gelehrten für sich und ihren Auftrag einnehmen.

Ein Magister suchte Jeanne zu verunsichern und behauptete, Gott könne auch allein, ohne Jeanne und ohne Soldaten, ein Wunder geschehen lassen, um das französische Volk aus seiner Not zu retten.

Da entgegnete ihm Jeanne, ohne sich lange zu besinnen: »Im Namen Gottes. Die Krieger werden kämpfen, und Gott wird den Sieg verleihen. Nur wenn auch wir uns mit all unseren Kräften einsetzen, wird Gott uns helfen.«

Gerne hätten auch die Professoren von Jeanne einen sichtbaren Beweis erhalten, daß sie tatsächlich von Gott gesandt sei. Schließlich standen bei einem Einsatz in Orléans Menschenleben auf dem Spiel, die nicht leichtsinnig irgendeiner Schwindlerin anvertraut werden durften.

»Bloß auf Eure schönen Worte hin können wir dem König nicht raten, seine Krieger der Gefahr eines Feldzugs auszusetzen«, wandten sie ein, »es sei denn, Ihr gebt uns ein Zeichen Eurer göttlichen Sendung.«

Darauf erwiderte Jeanne glühend: »Im Namen Gottes, ich bin nicht nach Poitiers gekommen, um Zeichen zu tun. Aber führt mich nach Orléans, dort werde ich Euch die Zeichen weisen, deretwegen ich gesandt bin! Der Dauphin hat mein Zeichen gesehen, Euch aber werden meine Taten beweisen, daß Gott mich geschickt hat.«

Obwohl alles, was Jeanne im Lauf der Verhöre sagte, für sie zu sprechen schien, mußte sie auch noch eine körperliche Untersuchung über sich ergehen lassen, die zusätzlich Aufschluß über die Natur ihrer Stimmen geben sollte. Angesehene, weise Frauen übernahmen das in Gegenwart von Charles' Schwiegermutter. War Jeanne wirklich, wie sie behauptete, eine reine Jungfrau, eine »pucelle«, war vom Teufel nichts zu befürchten, denn nach damaliger Auffassung konnte eine unberührte Jungfrau nicht in die dunkle Gewalt des Teufels gezwungen worden sein.

Die Damen bestätigten, daß Jeanne eine keusche Jungfrau sei, also weder vom Teufel noch von bösen Geistern besessen sein könne.

Nach dreiwöchiger Prüfung kamen auch die gelehrten Professoren zum Schluß, daß nichts Böses an Jeanne zu finden sei. Ihr brennender Wille, endlich handeln zu dürfen, hatte sie über sich selbst erhoben, und so war es ihr leicht geworden, mit Hilfe ihres gesunden Menschenverstands die an sie gestellten Fragen geschickt zu beantworten. Die Professoren zeigten sich beeindruckt von ihren einfachen, aber stets ins Schwarze treffenden Äußerungen.

»Sie ist gut, aufrichtig, rechtgläubig und verständig«, hieß es in ihrem Gutachten an den Kronrat, »der König kann sich auf sie stützen und sie nach Orléans senden. Der König darf die Jungfrau, die sagt, sie sei von Gott gesandt, um Hilfe zu bringen, nicht zurückweisen, auch wenn ihre Versprechungen nur Menschenwerk sind.«

Mit dieser vorsichtigen Formulierung ließen die Gelehrten zwar die heikle Frage offen, ob Jeanne wirklich von Gott gesandt sei oder nicht. Ihrer Meinung nach war jedoch die Lage Frankreichs so verzweifelt, daß kein Mittel unversucht bleiben durfte, um eine Wende zum Besseren herbeizuführen. Vielleicht war die Entsendung Jeannes nach Orléans wirklich die allerletzte Chance, um die drohende Katastrophe abzuwenden.

Jeanne wußte die Sympathien, die ihr die Professoren entgegenbrachten, zu nutzen und brauchte diese als Mithelfer zur Erfüllung ihres Auftrags. Noch bevor die Prüfung ganz abgeschlossen war, bat sie die Gelehrten, in ihrem Namen einen Brief an den König von England und den Herzog von Bedford zu schreiben. Diese waren tatsächlich dazu bereit.

»Ich kann ja nicht A von B unterscheiden,* also schreibt, was ich euch sage«, begann Jeanne. Dabei funkelten ihre Augen so zornig, als sehe sie den englischen Feind vor sich, und sie diktierte:

> *»22. März 1429*
> *König von England, und Ihr, Herzog von Bedford, der Ihr Euch Regent von Frankreich nennt, gebt dem König des Himmels sein Recht! Zusammen mit Euren Bogenschützen, Waffengefährten, Hofleuten und den anderen, die vor der guten Stadt Orléans liegen – zieht im Namen Gottes ab in Euer Land! Ich bin hierher von*

* d.h., ich kann weder lesen noch schreiben.

Gott, dem König des Himmels, gesandt, um Euch Mann für Mann aus ganz Frankreich zu schlagen.

König Charles, der wahre Erbe, wird es besitzen; denn Gott, der König des Himmels, will es also und hat es ihm durch die Jungfrau kundgetan.

Und gebt Antwort, wenn Ihr in Orléans Frieden schließen wollt. Wenn nicht, so werdet Ihr es in Kürze zu Eurem großen Schaden bereuen.«

Der Brief gelangte bald in die Hände Bedfords, der sich jedoch von den unglaubwürdigen Drohungen der abenteuerlichen Absenderin nicht im geringsten beeindrucken ließ.

Aufgrund des günstigen Berichts der Professoren von Poitiers wurden endlich die Vorbereitungen zum Aufbruch nach Orléans in die Wege geleitet.

Charles und der Hof kehrten nach Chinon, der bevorzugten Residenz des Dauphins, zurück und bemühten sich von dort aus, Truppen und Lebensmittel für die belagerte Stadt aufzutreiben.

Jeanne ritt inzwischen mit ihrem bewährten Freund Jean de Metz nach Tours, wo die berühmtesten Waffenschmiede Frankreichs ihre Werkstätten hatten. Jetzt, da sie ihren Willen, wie ein Ritter in den Kampf zu ziehen, durchgesetzt hatte, brauchte sie auch eine entsprechende Ausrüstung.

Ein Waffenschmied, der wegen seiner Kunstfertigkeit bei Hof sehr geschätzt war, erhielt Auftrag, Jeanne auf Kosten der königlichen Kasse eine silberweiße Rüstung nach Maß anzufertigen.

Ein mächtiges Feuer prasselte in der Esse, und klirrende Hammerschläge dröhnten durch den rauchgeschwärzten Raum, als Jeanne zur Anprobe in die Schmiede kam. Sie begrüßte den Meister, der gerade einen Brustpanzer mit Öl einrieb.

»Ist das mein Harnisch?« fragte Jeanne.

»Nein«, erklärte der Schmied, »in diese Rüstung wird Öl eingebrannt, damit das Metall besser vor Rost geschützt ist.

Davon bekommt sie eine dunkle Färbung. Deine wird blank und weiß, aber ebenso gut sein. Sieh, hier ist dein Harnisch und dein Helm. Laß sehen, wie sie dir passen.«

Jeanne setzte sich den Helm auf und hielt den Harnisch vor sich hin, beides paßte wie angegossen.

»So werden mir die Engländer nichts anhaben können«, rief sie aus, »aber das Visier will ich immer offen tragen, damit alle, ob Freund oder Feind, mich jederzeit erkennen können.«

Der Schmied brachte auch noch die schweren Arm- und Beinschienen. Jeanne nahm sie wägend in die Hand und staunte über ihr Gewicht.

»Ja, ja, sechzig bis achtzig Pfund wird die Rüstung insgesamt schon wiegen«, bemerkte der Schmied, »dafür hält sie sogar den harten Pfeilen der englischen Bogenschützen stand.«

»Man kann sich ja kaum darin bewegen«, sagte Jeanne ein wenig bekümmert, »hoffentlich drückt sie nicht zu sehr, mein Körper ist ja noch gar nicht an Panzerung gewöhnt.«

›Und auch nicht an Streitrosse‹, dachte sie im stillen. ›Jetzt verstehe ich, warum Jean de Metz damals in Vaucouleurs zu mir sagte, es sei schwierig, sich in voller Rüstung im Sattel zu halten.‹

In der Malerwerkstätte verfolgte Jeanne aufmerksam, wie ihre Standarte hergestellt wurde und prüfte, ob der Maler ihre Vorschriften richtig befolgte. Die Stimmen hatten ihr nämlich genaue Anweisungen gegeben, wie ihre Fahne aussehen müsse. Der lange, schmale weiße Stoff mit den Seidenfransen lag nun ausgebreitet auf dem Arbeitstisch des Malers, in der Ecke stand schon die lange Lanze bereit, an welcher sie später befestigt werden sollte.

»Du hast alles genau so gemalt, wie es mir die Heiligen aufgetragen haben«, lobte Jeanne, »in der Mitte thront der Himmelskönig und hält die Weltkugel in seinen Händen, ihm zur Seite stehen zwei Engel.«

Eben vollendete der Meister mit Ölfarbe die über der

Christusfigur stehende Inschrift »Jesus – Maria«. ›Das muß eine ganz besondere Fahne sein‹, dachte er bei sich, ›ich habe schon viele Feldzeichen bemalt, aber dieses Motiv kenne ich noch nicht.‹

»Vergiß bloß die goldenen Lilien nicht«, mahnte Jeanne. »Überall auf dem weißen Grund soll das Symbol des französischen Königs prangen. Weiß und Gold sind ja auch die göttlichen Farben.«

»Nur Geduld, junges Fräulein, sie kommen zuletzt dran. Die anderen Farben müssen erst trocknen«, antwortete der Maler, ohne von seiner Arbeit aufzusehen, denn die Verzierung der Inschrift erforderte höchste Konzentration.

Doch Jeanne hörte ihn nicht mehr. Sie lauschte tief in sich hinein und vernahm den Befehl der heiligen Margaretha und der heiligen Katharina: »Nimm diese Standarte im Auftrag des Himmelskönigs. Ergreife sie kühn und trage sie tapfer voran!«

»Ja, das will ich tun«, gelobte Jeanne freudig, »meine Standarte soll im Feld für alle Kämpfenden ein weithin sichtbares Zeichen von Gottes Nähe sein.«

Als die Rüstung und die Standarte beinahe fertiggestellt waren, äußerte Jeanne einen Wunsch, der ihre Umgebung verblüffte. Sie bat um ein Schwert.

»Aber du hast doch von Baudricourt bereits eines erhalten«, sagte Jean de Metz. »Genügt dir das nicht?«

Jeanne schüttelte den Kopf. »Der Himmel hat mir ein anderes Schwert bestimmt. Schickt einen Waffenschmied zur Kirche der heiligen Katharina, bei der wir auf dem Weg nach Chinon rasteten. Hinter dem Altar liegt ein rostiges Schwert mit fünf Kreuzen auf der Klinge in der Erde vergraben, meine Stimmen haben es mir gesagt. Ich bitte die Geistlichen des Ortes, es mir zu überlassen.«

Jeanne erhielt, was sie wünschte. Die erstaunten Priester von Sainte-Catherine de Fierbois fanden das Schwert, von dem niemand etwas gewußt hatte, genau an der von Jeanne beschriebenen Stelle. Als sie es abrieben, verschwand der Rost sofort und alle fünf Kreuze kamen zum Vorschein.

Als Jeanne ihre Waffe in der Hand hielt, war sie sehr bewegt. Es war ihr, als würde die heilige Katharina ihr damit den Segen auf den Weg nach Orléans geben. Sie ließ eine Hülle aus feinstem Leder dazu anfertigen und nahm sich vor, das Schwert nie herauszuziehen, um einen Menschen zu töten. Noch lieber, hundertmal lieber, war ihr die Fahne mit dem Bild des Himmelskönigs: die würde sie in allen Schlachten vorantragen und die Franzosen in Seinem Namen zum Sieg führen.

Da Jeanne nun eine ordentliche Stellung in der königlichen Armee einnahm, erhielt sie auch ein persönliches Gefolge, genau wie die anderen Hauptleute ihres Ranges. Elf Männer wurden ihr als Helfer und Berater zugeteilt und direkt ihrem Kommando unterstellt. Jeanne freute sich sehr, daß ihr lieber Jean de Metz und der Knappe Bertrand, ihre treuen Begleiter aus Vaucouleurs, dazugehörten. Den Pagen Louis kannte sie bereits von ihrem Aufenthalt in Chinon her. Neu dazu kamen der Ritter Jean d'Aulon, ein zweiter Page, zwei Meldeläufer, ein Schatzmeister und der Beichtvater Pasquerel, den sie vom ersten Moment an besonders mochte. Wie staunte sie, daß auch ihre Brüder Jean und Pierre zu ihr stießen. Sie hatte nicht gewußt, daß die beiden sich nach ihrem Aufbruch von zu Hause dazu entschlossen hatten, dem Beispiel ihrer Schwester zu folgen und Frankreich zu dienen.

Während Jeanne in Tours für den Einsatz in Orléans ausgerüstet wurde, hatten die Beamten des Dauphins die letzten Reserven aus dem ausgebluteten und verarmten Land gepreßt, um das eingeschlossene Orléans vor dem Untergang zu bewahren. Blois an der Loire wurde zur Sammelstelle aller Hilfsgüter bestimmt. Dorthin rückten auch die eilends ausgehobenen, auf spätere Bezahlung vertrösteten Söldner ein. Von Blois aus sollte auch Jeanne zusammen mit dem

Nachschubszug ins belagerte, ausgehungerte Orléans eingeschleust werden.

Ochsen, Kühe, Schweine, Schafe, Säcke mit Getreide, Weinfässer, Steinschleudermaschinen, Pulver und Kanonen und auch die Verstärkungstruppen waren schon bereit, als Jeanne in Begleitung des Reichskanzlers und Erzbischofs von Reims, Regnault de Chartres, feierlichen Einzug in Blois hielt. Der Dauphin hatte den ranghöchsten Mann seines Hofes zu ihrem Geleit beordert, um Jeannes Einsatz offiziell zu bestätigen.

»Im Namen Gottes, auf nach Orléans!« spornte Jeanne die wartenden Soldaten an und stellte sich an die Spitze des marschbereiten Zuges. Hell glänzte ihre neue Rüstung in der Frühlingssonne, und die weiße Fahne flatterte im Wind. Geschickt zügelte Jeanne das Pferd, das, die Ungeduld seiner Reiterin spürend, unruhig den Kopf zurückwarf und auszubrechen drohte.

»Habt Mut, Gott wird uns helfen«, rief sie laut.

Einige der kriegserfahrenen Kämpfer schauten einander zweifelnd an. ›Was ist das für ein Mädchen, das uns so selbstsicher Befehle gibt?‹ fragten sie sich. ›Wird sie wohl halten, was sie verspricht?‹

Hoffen auf ein Wunder

Die Belagerung von Orléans dauerte nun schon Wochen und Monate. Die Kämpfe zwischen den belagernden Engländern und den belagerten Franzosen gingen mit unverminderter Heftigkeit weiter. Doch die Kräfte der Eingeschlossenen nahmen zusehends ab, denn der Hunger in der Stadt wuchs mit jedem Tag. Wegen der vielen Flüchtlinge aus der Umgebung hatte sich die Einwohnerzahl beinahe verdoppelt, fast dreißigtausend Menschen lebten jetzt dichtgedrängt auf engstem Raum. Die Lebensmittelvorräte schwanden beängstigend schnell. Nachschub gab es keinen. Bald würde man sich von Hunden und Ratten ernähren müssen, und in der übervölkerten Stadt drohten nun auch noch Seuchen auszubrechen. Überall herrschte Erschöpfung, Mutlosigkeit und Verzweiflung.

Graf Dunois, der Stadtkommandant, wußte kaum mehr, wie er den Widerstandswillen der verzagten, vom Hunger geschwächten Soldaten und der notleidenden Stadtbevölkerung aufrechterhalten sollte. Trotz der zahlenmäßigen Überlegenheit über die Engländer schien alles verloren . . . bis sich das Gerücht von einer gottgesandten Jungfrau wie ein Lauffeuer verbreitete.

Von Hof zu Hof, von Dorf zu Dorf, von Stadt zu Stadt war es eilig weitergetragen worden und hatte Orléans erreicht, noch ehe Jeanne beim Dauphin in Chinon angekommen war.

Es hieß, ein junges Mädchen aus Lothringen, das man »la pucelle« nenne, sei unterwegs an den Königshof, um Orléans und Frankreich zu retten. Sie wolle mit Gottes Hilfe die Engländer vertreiben und den Dauphin zur Krönung nach Reims führen.

Die abgezehrten, hungerleidenden Bewohner der umkämpften Stadt stürzten sich gierig auf diese wunderbaren Nachrichten, verzweifelt klammerten sie sich an den vagen

Hoffnungsstrahl, den ersten, der nach vier Monaten Belagerungszeit zu ihnen drang.

»Jedermann wünschte die Jungfrau glühend herbei. Die Bürger waren durch die Belagerung in äußerste Not versetzt, so daß sie nicht wußten, zu welcher Hilfe Zuflucht nehmen, wenn nicht zu Gott«, erinnerte sich ein Zeuge.

Doch Dunois und die schwer geprüften Bewohner von Orléans mußten weitere zwei Monate ausharren, bis sie Ende April 1429 durch einen königlichen Meldeläufer Botschaft erhielten, daß die Jungfrau auf dem Weg zu ihnen sei.

Der Nachschub- und Proviantzug mit Jeanne an der Spitze bewegte sich am südlichen Loire-Ufer entlang auf Orléans zu. Man folgte dem Rat Dunois', den starken englischen Stellungen am Nordufer aus dem Weg zu gehen und Gefechte zu vermeiden, um die kostbaren Lebensmittel ungefährdet in die Stadt bringen zu können.

Vorsorglich ritten die Franzosen in voller Rüstung, denn auch das Südufer war in Reichweite der englischen Geschütze. Nicht einmal während der Nachtruhe getrauten sie sich, ihre Harnische abzulegen. Jeanne schloß in dieser Nacht kein Auge, weil ihre Rüstung trotz der sorgfältigen Maßarbeit des Schmieds schmerzhaft auf ihre Knochen drückte, wie auch immer sie sich legte und wendete. Sie biß die Zähne zusammen und gab keinen Laut von sich, um Jean de Metz, der ruhig neben ihr schlief, nicht aufzuwecken; er hatte sie ja gewarnt. Sie war froh, daß schon im Morgengrauen zum Aufbruch geblasen wurde. Orléans konnte nicht mehr weit sein.

Graf Dunois, genannt der Bastard, war Jeanne und dem Nachschubszug bis zu jener Stelle entgegengeritten, von der aus der mitgeführte Proviant auf Schiffe umgeladen und auf dem Fluß nach Orléans transportiert werden sollte.

»Seid Ihr der Bastard von Orléans?« sprach Jeanne den Feldherrn an.

Graf Dunois. Der Schrägbalken auf dem Wappen kennzeichnet ihn als Bastard von Orléans. (Wappenbuch, um 1450)

»Ich bin's, und ich bin froh über Eure Ankunft«, antwortete Dunois ehrlich.

Zornig fuhr Jeanne fort: »Eurem Rat zufolge mußte unser Zug auf dem Südufer ankommen und durfte nicht direkt dahin marschieren, wo Talbot, der englische Heerführer, mit seinen Truppen liegt. Damit verlieren wir Zeit. Ich will kämpfen.«

»Vorläufig kann von Kampf überhaupt keine Rede sein«, erwiderte Dunois. »Zunächst einmal müssen die Lebensmittel in die Stadt geschafft werden, ohne daß es die Engländer merken.«

Er erkannte mit einem Blick, daß Jeanne weder von der geographischen Lage der Stadt noch vom Elend der Bevölkerung eine Ahnung hatte und in ihrem jugendlichen Überschwang die Sicherheit des Proviants leichtfertig aufs Spiel setzen wollte.

»Im Namen Gottes«, rief nun Jeanne wütend, »der Rat von Gott, Unserem Herrn, ist sicherer und klüger als der Eure. Ihr habt geglaubt, Ihr könntet mich täuschen und mich von den Engländern fernhalten. Aber Ihr habt Euch selbst getäuscht, wir werden kämpfen!«

Die Umstehenden blickten einander betroffen an. Welch einen überheblichen Ton sich das Mädchen dem obersten Befehlshaber gegenüber erlaubte!

»Ach, laßt sie, sie weiß es nicht besser«, sagte Dunois. »Kümmern wir uns lieber um die Lebensmittel.«

Ungeduldig benetzte er einen Finger und hob ihn in die Höhe, um die Windrichtung zu prüfen. Fluchend senkte er den Arm. »Wir haben noch immer heftigen Gegenwind, der die Abfahrt der Schiffe verhindert«, rief er verärgert.

»Hört lieber mir zu!« forderte nun Jeanne. »Ich weiß tatsächlich besser als Ihr, was zu tun ist, weil die Stimme des heiligen Michael zu mir gesprochen hat. Ich bringe Euch die beste Hilfe, die je ein Hauptmann oder eine Stadt erhalten hat, nämlich die Hilfe des Königs im Himmel. ER erbarmt sich Orléans' und duldet nicht, daß sich die Feinde der Stadt bemächtigen.«

In diesem Moment geschah etwas Außerordentliches. Der Wind, der eben noch den Proviantbooten entgegengeblasen hatte, drehte plötzlich und blies genau aus der anderen Richtung.

Dunois sah fassungslos erst auf die geblähten Segel, dann auf Jeanne. Was war geschehen? ›Ein Wunder! Jeanne muß von Gott gesandt sein‹, durchfuhr es ihn, ›genau in dem Augenblick, als sie von Gottes Hilfe sprach, wurde uns der Wind günstig.‹

Er riß seinen Blick von Jeanne los und spähte zum Fluß hinunter. Tatsächlich, die beladenen Boote stießen vom Ufer ab und glitten langsam flußaufwärts gegen Orléans.

»Komm mit mir«, bat er Jeanne drängend, »wir setzen mit einem Boot über den Fluß und reiten dem anderen Ufer entlang in die Stadt, so sind wir am schnellsten dort. La Hire soll uns begleiten, sein gefürchteter Degen genügt uns als Schutz. Die Truppen können später auf dem Landweg folgen. Komm, Orléans erwartet dich sehnlich!«

Es dunkelte bereits, als Jeanne am 29. April 1429 zwischen Graf Dunois und Hauptmann La Hire in Orléans einzog. Unbemerkt hatten sie die englischen Wachposten umgehen und das eine Stadttor erreichen können, das als letztes die Verbindung der belagerten Stadt mit der Außenwelt aufrechterhielt.

Eine erwartungsvolle Menge war zusammengeströmt, um die Ankunft des gottgesandten Mädchens zu bestaunen. Dichte Reihen von Menschen mit ausgemergelten Gesichtern säumten die von Fackeln erhellten Straßen, durch die Jeanne kommen mußte. In der Ferne vernahm man Hufgetrappel und erste Hochrufe. Langsam bahnte sich der Zug seinen Weg durch die jubelnden Zuschauer.

»Sie kommt, sie kommt!«

»Dort auf dem weißen Pferd, das ist die Jungfrau, rechts von Dunois.«

»Seht ihr die weiße Fahne? Engel sind darauf gemalt.«

Überall ertönte begeisterter Beifall.

»Wie sicher sie reitet, wie ein Ritter.«

»Jung ist sie.«

»Wie ihre Augen strahlen!«

Wem es gelang, Jeanne oder wenigstens ihr Pferd zu berühren, war überglücklich.

Ein Augenzeuge schrieb: »Die Zuschauer zeigten eine solche Freude, als sähen sie Gott zu ihnen heruntersteigen. Sie fühlten sich schon gestärkt und wie von der Belagerung befreit, dank der göttlichen Kraft, die in dieser einfachen Jungfrau zu sein schien.«

Jeanne, die Jungfrau von Orléans

Samstag, 30. April

Jeanne wurde von lebhaftem Stimmengewirr geweckt, das unter ihrem Fenster immer lauter anschwoll. Bald hörte sie deutlich ihren Namen rufen. Was mochte das bedeuten?

Rasch kleidete sie sich an und spähte hinaus. Da herrschte ein solches Gedränge vor ihrem Haus, daß die schwere Eichentüre des hohen Riegelbaues beinahe eingedrückt wurde. Hunderte von Menschen standen auf der Straße, alte und junge, Männer, Frauen und Kinder, die alle voller Neugierde gekommen waren, um das wunderbare junge Mädchen, das ihnen in der Dunkelheit des Vorabends wie ein leuchtender Engel erschienen war, aus der Nähe zu sehen.

Über die Köpfe der Menge hinweg erblickte Jeanne von ihrem Fenster aus die Stadtmauer, dahinter auf freiem Feld die feindlichen Befestigungen der Belagerer. Das mußten die Türme sein, die die Engländer aufgestellt und die sie zynisch »London«, »Rouen« und »Paris« getauft hatten. Dunois hatte ihr erzählt, wie gerade diese Namen die Franzosen reizten. Auch in Jeanne stieg Wut über die fremden Eroberer auf, gleichzeitig aber auch Mitleid mit den leidgeprüften, hilfesuchenden Bürgern von Orléans.

Mit einer heftigen Bewegung riß sie das Fenster auf, beugte sich hinaus, winkte den erwartungsvoll zu ihr hochblickenden Leuten zu und rief: »Kommt mit mir auf die Stadtmauern! Seht dort die niederträchtigen Engländer, die Goddams, die seit Monaten versuchen, euch unterzukriegen. Fürchtet euch nicht, mit vereinten Kräften werden wir sie besiegen! Gott ist auf unserer Seite.«

Ihre Kampfbereitschaft und ihr Gottvertrauen rissen die Menschen mit. Als Jeanne auf die Straße trat, folgten sie ihr in Scharen auf die Stadtmauern. Wütend drohten die Belagerten den Feinden mit den Fäusten und stießen Verwünschungen gegen sie aus. Schimpfworte flogen hin und her. Fiebrige Ungeduld erfaßte die Menge, von der Jungfrau in den Kampf geführt zu werden.

Als Jeanne den Feind zum Greifen nah vor sich sah, hätte sie am liebsten sofort losgeschlagen. Aber Dunois hatte strikten Befehl gegeben, keinen Ausfall zu wagen, bevor die Hilfstruppen, die Jeanne begleitet hatten, auch nach Orléans eingeschleust waren. Diese hatten nämlich, nachdem sie Jeanne und den Proviant bis kurz vor die eingeschlossene Stadt gebracht hatten, wieder umkehren und bis nach Blois zurückmarschieren müssen, denn nur dort noch konnten sie die Loire überschreiten. Die anderen Brücken waren alle schon in englischer Hand.

›Wenn sie nur bald kommen‹, hoffte Jeanne, als sie inmitten der von ihr begeisterten Stadtbewohner von den Mauern herunterstieg, ›ich muß sonst gegen Dunois' Willen handeln, obwohl ich es nicht gerne mit ihm verderben möchte.‹

Mittwoch, 4. Mai

Nach vier langen, ereignislosen Tagen, die der ungeduldigen Jeanne wie eine Ewigkeit vorkamen, traf endlich die ersehnte Verstärkungsarmee ein und wurde beim Stadttor gleich in ein Gefecht verwickelt.

Jeanne, die weder von Dunois noch von den anderen Heerführern über deren Ankunft informiert worden war, hatte sich eben in ihrer Kammer zur Ruhe gelegt. Plötzlich fuhr sie aus dem Schlaf auf.

»Waffenlärm? Sind denn die Truppen gekommen? Warum habt ihr mich nicht eher geweckt? Unseren Leuten steht Schweres bevor!« rief sie verärgert Louis, ihrem Pagen, zu. In höchster Erregung befahl sie: »Bring sofort meine Rüstung, meine Fahne und mein Schwert. Schnell, sattle mein Streitroß!«

Die Wirtin und deren Tochter halfen Jeanne mit fliegenden Händen, die unzähligen Schnallen ihres Harnischs und der Arm- und Beinschienen zu schließen.

»Schneller, beeilt euch!« drängte Jeanne ungestüm. »Jetzt noch die Sporen, die Panzerhandschuhe und den Helm. Fertig!«

In voller Rüstung eilte sie hinaus und schwang sich in den Sattel. Louis hatte gerade noch Zeit, ihr die Standarte aus dem Fenster zu reichen. In rasendem Galopp, so daß die Funken aus dem Pflaster stoben, preschte Jeanne durch die Vorstadt zum Stadttor, wo der stärkste Lärm herkam. Voller Leidenschaft, wie von Fesseln befreit, stürzte sie sich ins Gefecht.

Der Kampf war schon in vollem Gang, als Jeanne mitten ins Getümmel sprengte.

»Habt Mut! Gott ist mit uns«, rief sie den ermattenden Soldaten zu. »Weicht nicht! Vertraut auf Gott!«

Wild schwang sie ihre weiße Fahne. Die Soldaten stürmten mit neuem Schwung vorwärts, folgten Jeannes wehender Standarte und bedrängten die Engländer mit gezielten Hieben. Diese, verwirrt durch die unerwartete Gegenwehr, wichen zurück und suchten in der nächstgelegenen Festung Schutz. Doch auch dort konnten sie den von Jeanne angefeuerten Verfolgern nicht standhalten.

»Die Festung ist unser«, riefen die Franzosen, selbst überrascht von diesem plötzlichen Erfolg, »das erste Bollwerk ist gefallen, den anderen wird es nicht besser gehen!«

Sie hatten in ihrem Jubel gar nicht bemerkt, daß Jeanne ihr Pferd bereits gewendet hatte und langsam gegen die Stadt zurückritt. Sie wollte jetzt allein sein, um mit Gott zu sprechen und ihm aus übervollem Herzen für diesen Sieg und für die große Kraft, die er ihr dazu geschenkt hatte, zu danken.

Doch ihre unbeschwerte Freude über den gewonnenen Kampf währte nicht lange. Die aufwühlenden Eindrücke des ersten blutigen Gefechts, das sie soeben aus nächster Nähe miterlebt hatte, erregten und betrübten ihr Gemüt. Sie war erschüttert von der erbarmungslosen, unmenschlichen Härte und brutalen Grausamkeit des Krieges, den sie hier noch viel unmittelbarer und roher wüten sah als in Domremy. Die Schrecken, die sie dort ausgestanden hatte, waren nichts im Vergleich zu dem Entsetzen, das sie jetzt erfüllte.

»Weshalb muß Friede durch soviel Gewalt und Leid, durch so viele Opfer und Schmerzen erkauft werden?« klagte sie. »Weshalb müssen die Menschen auf beiden Seiten einander rücksichtslos töten? Weil die Feldherrn es befehlen? Und ich kann es auch nicht verhindern, wenn ich Frankreich retten will?«

Tränen stiegen in ihr auf, als sie an die vielen verstümmelten, blutüberströmten Verwundeten und Toten dachte, die an diesem einen Tag auf dem Schlachtfeld liegengeblieben waren. Das schreckliche Bild blieb in ihrem Gedächtnis eingegraben, nie mehr konnte sie Blut sehen, ohne von Grauen erfaßt zu werden.

Noch nicht in Orléans angekommen, wurde sie von wütenden Schreien und leisem Gewimmer, das wie Hilferufe klang, aus ihren Gedanken gerissen. Sie hob den Kopf und sah, wie wenige Schritte von ihr entfernt französische Soldaten einen englischen Gefangenen unbarmherzig zusammenschlugen, so daß er halbtot umsank.

»Wie könnt ihr nur so grausam sein«, tadelte sie vorwurfsvoll ihre Landsleute. »So viele gegen einen. Ihr habt ihn ja beinahe umgebracht.«

»Krieg ist Krieg«, brummten diese achselzuckend.

»Aber ein Mensch ist ein Mensch«, rief Jeanne. Voll Mitleid und Erbarmen sprang sie vom Pferd und beugte sich über den mißhandelten Engländer. Mit sanften Worten mahnte sie ihn zur Beichte, hielt seinen Kopf in ihrem Schoß und tröstete ihn. Als er sich wieder erholt hatte, schenkte sie ihm die Freiheit.

Donnerstag, 5. Mai

Auf beiden Seiten ruhten die Waffen. Das kirchliche Fest von Christi Himmelfahrt durfte nicht durch kriegerische Handlungen entweiht werden. Um den Tag dennoch nicht ungenutzt verstreichen zu lassen, suchte Jeanne nach dem Gottesdienst einen Schreiber auf und diktierte ihm eine zweite Botschaft an die Engländer:

> *»Ihr, Engländer, habt kein Recht auf das Königreich Frankreich. Der König des Himmels befiehlt euch durch mich, Jeanne, die Jungfrau, eure Festungen zu verlassen und in euer Land zurückzukehren. Wenn nicht, werde ich ein solches Kriegsgeschrei anheben, wie es seit tausend Jahren in Frankreich keines gegeben hat, so laut, daß es euch in ewiger Erinnerung bleiben wird!«*

›Wenn ich nur noch meine Meldeläufer hätte‹, dachte sie, als sie den fertigen Brief in Händen hielt, ›aber die beiden wurden gestern gefangengenommen. So muß ich den Engländern meinen Befehl auf anderem Weg zukommen lassen.‹

Schon kam ihr eine Idee. Sie stieg auf die Stadtmauer und fragte den erstbesten Bogenschützen, den sie auf der Wache traf: »Kannst du mir einen Pfeil geben?«

»Wozu? Möchtest du vielleicht schießen lernen?«

»Nein. Ich will niemanden töten. Aber ich will den Engländern eine Botschaft schicken.«

Rasch rollte sie den Brief zusammen und befestigte ihn vor den Augen des verdutzten Schützen mit einer Schnur an der Pfeilspitze.

»So, jetzt schieße ihn ins englische Lager hinüber!« verlangte sie.

Sie schaute zu, wie der Schütze den Bogen mit dem ganzen Gewicht seines Körpers spannte und den Pfeil durch die Luft schnellen ließ.

»Lest! Da kommen Nachrichten!« rief Jeanne, so laut sie konnte.

Ein englischer Landsknecht hob den Brief auf und trug ihn zu Talbot, dem Lagerkommandanten. Dieser riß das Schreiben auf und überflog den Inhalt. Zur Belustigung seiner Mannschaft las er den Text laut vor. Seine Zuhörer bogen sich vor Lachen, sie brüllten so laut, daß es bis zur Stadtmauer drang, wo Jeanne noch immer stand: »Nachrichten von der Hure der Franzosen! Die bildet sich wohl ein, wir würden einem Weib gehorchen!«

Als Jeanne sah, wie ihre Botschaft aufgenommen wurde, brach sie in Schluchzen aus und rief den König des Himmels um Hilfe an. Sie fand ihre Fassung erst wieder, nachdem sie von ihren Stimmen beruhigenden Zuspruch erhalten hatte.

Freitag, 6. Mai

»Halt! Zurück«, kommandierte der wachhabende Hauptmann, als Jeanne in der Frühe des nächsten Tages zusammen mit La Hire und einer kampfbereiten Truppe am Stadttor erschien und ihn aufforderte, sie hinauszulassen. In ihrem Zorn auf die Engländer hatte sie entgegen dem ausdrücklichen Befehl von Dunois die Soldaten für diesen Morgen zum Angriff überredet. Diese waren ihr willig gefolgt, in der Überzeugung, auch heute von Jeanne zum Sieg geführt zu werden.

»Öffnet das Tor, sage ich, wir wollen die Engländer schlagen, noch härter als wir sie vorgestern geschlagen haben, ob Ihr es wollt oder nicht!« schrie Jeanne dem Hauptmann zu, als dieser keine Anstalten machte, ihrer Aufforderung Folge zu leisten.

»Befehl ist Befehl. Die Tore bleiben heute zu«, erwiderte der Ritter, erzürnt über den beispiellosen Ungehorsam des Mädchens.

»Ihr könnt uns nicht hindern«, beharrte Jeanne wütend, wandte sich zu ihren Begleitern und befahl: »Los, stoßt die Riegel zurück, zieht das Fallgatter hoch. Auf zum Angriff!«

Selbstherrlich setzte sie sich über Dunois' Verbot hinweg

und stürzte mit wehender Fahne am verblüfften Hauptmann vorbei aus der Stadt. Sie sprengte mit solcher Geschwindigkeit geradewegs zum Fluß hinunter, daß die Soldaten ihr kaum zu folgen vermochten. La Hire hatte ihr gesagt, daß dort Boote lagen, die zu einer Brücke aneinandergekettet werden konnten. In kurzer Zeit hatten ihre Soldaten das tatsächlich besorgt, und der Trupp setzte samt den Pferden über die schwimmende Notbrücke ans andere Ufer der Loire, allen voran Jeanne und La Hire.

Jeanne hatte die Absicht, die nahe am Fluß gelegene Festung zu berennen. Zu ihrer Überraschung war diese leer; die Engländer hatten sie eilig geräumt, als sie die Franzosen heranstürmen sahen, und sich in ein benachbartes, stärkeres Bollwerk verschanzt.

»Dann greifen wir sie eben dort an«, entschied Jeanne schnell, »wir werden sie auch dort schlagen.«

Was noch am Morgen niemand für möglich gehalten hatte, trat ein: Trotz Dunois' anderslautendem Befehl eroberten die Franzosen im Sturm die englische Festung und sicherten sich damit einen ersten Brückenkopf im südlich der Loire gelegenen Stadtteil.

Doch noch waren die »Tourelles«, die stärkste Befestigungsanlage am Südufer der Loire, in der Hand der Engländer. Ihr Befehlshaber entschloß sich nach dem schwerwiegenden Verlust des Tages, alle verfügbaren Kräfte auf die Verteidigung dieses Stützpunktes zu konzentrieren. Er wollte die »Tourelles« um jeden Preis halten und von hier aus auch die anderen verlorenen Stellungen zurückerobern.

Spät abends trommelte er seine Mannschaft zusammen und überschüttete sie mit schweren Vorwürfen: »Was fällt euch eigentlich ein? Vor einem Mädchen seid ihr feige davongelaufen! Zwei unserer Festungen habt ihr preisgegeben! Eine Schande ist das, eine unerhörte Schmach, die gerächt werden muß.«

Die englischen Soldaten schwiegen betreten. Mit zornro-

Ansicht von Orléans um 1428.
Am rechten Ufer der Loire der von Festungsmauern umschlossene Stadtteil, links der Brücke das Bollwerk der »Tourelles«.

tem Gesicht fuhr der Kommandant fort: »Beweist morgen, daß ihr tapfere Männer und keine Memmen seid. Englische Soldaten weichen vor einem Mädchen nicht zurück! Von den Tourelles aus werden wir Orléans nehmen, jetzt erst recht. Und dann räumen wir den lächerlichen Charles aus dem Weg. Verstanden?«

Unterwürfig nickten die Männer, aber insgeheim zitterten sie vor dieser unheimlichen Mädchengestalt, die bei den Franzosen ungeahnte Kräfte entfesselt hatte.

Auch im Hauptquartier von Orléans wurden die Parolen für den folgenden Tag ausgegeben, und zwar diesmal in Jeannes Anwesenheit.

»Morgen wird nicht gekämpft«, befahl Dunois, der sich nur halb über den heutigen Sieg freuen konnte. Er war verärgert, daß Jeanne seine Autorität untergraben hatte. »Niemand soll sich unterstehen, diesem Befehl zuwiderzuhandeln«, fuhr er fort und schaute dabei Jeanne warnend an. »Vorläufig sind genügend Lebensmittel vorhanden, um durchzuhalten, bis der König weitere Truppen schickt. Der

Rat der Feldherrn ist der Meinung, daß ohne Verstärkung ein Angriff auf die Tourelles nicht zu verantworten ist.«

Als Jeanne das hörte, stampfte sie zornig mit dem Fuß. Aufbrausend widersprach sie Dunois: »Ihr seid bei Eurem Rat gewesen und ich bei dem meinen. Glaubt mir, der Rat meines Herrn wird befolgt und erfüllt werden. Euer Rat fällt dahin. Morgen werden wir kämpfen, wie wir es heute getan haben!«

Noch bevor jemand gegen diese unerhörte Verletzung der militärischen Gehorsamspflicht protestieren konnte, wandte sich Jeanne an ihren Beichtvater Pasquerel, der sich bescheiden im Hintergrund hielt: »Steht morgen noch früher auf als heute und tut Euer Bestes«, sagte sie. »Haltet Euch immer in meiner Nähe, denn morgen muß ich vieles tun, mehr denn je. Morgen wird aus meinem Leib auch Blut fließen, oberhalb der Brust.«

Pasquerel nickte.

Jetzt aber begehrten die Feldherrn auf: »Dunois, das dürft Ihr Euch nicht bieten lassen. Ihr befehlt, und sie hat zu gehorchen! Ohne Verstärkung ist ein Sturm auf die Tourelles völlig aussichtslos.«

Jeanne ließ die Männer nicht einmal ausreden. »Spart eure guten Ratschläge«, fiel sie ihnen ins Wort, »ich sage euch, morgen werden wir kämpfen und siegen. Gott will es so. Und glaubt mir, morgen abend werden wir über die zerstörte Brücke heimkehren.«

Jeanne, die keinerlei Befehlsgewalt oder Kommandobefugnisse innehatte, setzte tatsächlich den Befehl ihrer göttlichen Stimmen und ihren eisernen Willen ohne Rücksicht auf die Einwände der militärischen Führer durch.

Für den nächsten Tag galt die Parole »Kampf«.

Samstag, 7. Mai

Im Morgengrauen begann die entscheidende Schlacht um die Tourelles. Schrille Befehle ertönten hüben und drüben, Meldeläufer jagten hin und her, die Kämpfenden scharten sich um die Banner der anführenden Ritter.

»Montjoie Saint Denis«, erscholl hier der französische Kriegsruf, »Heiliger Georg, hilf«, riefen dort die Engländer ihren Schutzheiligen an.

Hart prallten die Gegner aufeinander. Geschütze donnerten unablässig, Wurfmaschinen schleuderten dröhnend zentnerschwere Geschosse durch die Luft, Pfeile zischten, getroffene Pferde bäumten sich wiehernd auf, Schwerter klirrten, Lanzen splitterten, verletzte Männer brachen stöhnend zusammen.

Jeanne, stets da, wo es am gefährlichsten war, feuerte die Truppen an: »Haltet aus! Weicht nicht, wir werden die Belagerung aufheben. Gott ist mit uns!«

Als sie als erste an der Brückenschanze ankam und die Sturmleiter an die feindliche Festung anlegte, wurde sie von einem Pfeil getroffen und verwundet, wie sie vorausgesagt hatte; die heilige Katharina und die heilige Margaretha hatten es ihr offenbart. Mit einem Schmerzensschrei stürzte sie zu Boden. Der Pfeil hatte ihren Panzer durchbohrt und stak zwischen Hals und Schulter tief im Fleisch.

Einige Soldaten eilten schnell herbei, als sie Jeanne verletzt und weinend zusammensinken sahen.

»Ich kenne eine Beschwörungsformel und ein Zaubermittel, die dich sofort wieder gesund machen«, rief einer, kaum neben Jeanne angelangt. Die anderen nickten zustimmend; sie hatten auch schon von solch magischen Wunderheilungen gehört.

»Ich will kein Zaubermittel, das ist Aberglaube. Ich würde lieber sterben, als etwas tun, das ich für Sünde halte und gegen Gottes Willen«, wies Jeanne sie zurück. »Helft mir lieber, den Harnisch abzulegen, damit ich den Pfeil herausziehen kann.«

Ungeachtet der rasenden Schmerzen riß sie sich das Geschoß aus dem Fleisch. Kaum war es draußen, quoll ein dicker Blutstrahl aus der Wunde. Jeanne erbleichte, beinahe wurde sie ohnmächtig. Sie preßte die Hand so fest sie konnte gegen die blutende Stelle und bat die sie umringenden Gefährten, die Verletzung zu versorgen.

»Gebt Olivenöl und Fett auf die Wunde, wie es Brauch ist, dann verbindet sie sorgfältig mit einem Tuch, so wird die Blutung bald zum Stillstand kommen. Ruft auch Pasquerel, er hat versprochen, in meiner Nähe zu sein.«

Der Priester kam eilends zur Verletzten, nahm ihr mitten im Schlachtgetümmel die Beichte ab und sprach ihr beruhigend zu. Getröstet durch das Sakrament der Beichte erhob sich Jeanne, schwang sich in den Sattel und nahm den Kampf wieder auf. Ohne der schmerzenden Wunde Beachtung zu schenken, spornte sie ihre Landsleute an, durchzuhalten, weiterzustürmen und Gott zu vertrauen.

Es begann bereits zu dunkeln, doch der Ausgang der Schlacht war noch immer nicht entschieden. Da sah Jeanne, daß Dunois den Trompetern das Signal geben wollte, zum Rückzug zu blasen. Sie ritt zu ihm hin, packte seinen Arm und bat eindringlich: »Halt! Wartet noch eine Weile.«

Überrascht hielt Dunois inne und sah Jeanne an. In ihren Augen brannte überirdische Willenskraft. Dunois zögerte. Er erinnerte sich an den Wind, der in großer Not so unvermittelt gedreht hatte, als Jeanne von Gottes Hilfe sprach. Er dachte auch an den kaum faßbaren Stimmungsumschwung, den Jeanne seit ihrer Ankunft in Orléans bewirkt hatte. Konnte sie auch jetzt die Wende erzwingen?

Er blickte über Jeanne hinweg auf das Schlachtfeld. Seit Tagesanbruch waren seine Truppen im Einsatz, sie waren erschöpft, übermüdet und konnten sich kaum mehr auf den Beinen halten. Durfte er seinen Männern zumuten, weiterzukämpfen?

»Bitte, Dunois, nur noch eine Weile. Wir werden siegen!« flehte Jeanne noch einmal mit aller Eindringlichkeit.

Dunois gab nach. Er hieß die Trompeten schweigen und sah Jeanne nach, wie sie abseits in einen Weinberg ritt, niederkniete und minutenlang in innigem Gebet verharrte. Dann kehrte sie zurück, ergriff ihre Standarte und sprengte zum Rand des Wallgrabens vor den Tourelles. Dunois traute seinen Augen kaum: Als die Engländer Jeanne, die weiße Fahne in der Hand, heranstürmen sahen, wichen sie

Kampf zwischen Franzosen und Engländern.
Mit gezückten Lanzen reiten die Franzosen gegen die feindlichen Reihen. Rechts das englische Feldzeichen mit Leoparden und Königslilien. (Miniatur, 15. Jahrhundert)

zurück. Seine Soldaten aber faßten neuen Mut, setzten zum Sturm auf das Bollwerk an und kämpften so lange, bis es genommen war.

Freudestrahlend eilte Dunois zu Jeanne. Glücklich schloß er sie in seine Arme. »Eine große Tat hast du vollbracht«, versicherte er, »eine Tat, die nicht Menschenwerk ist, sondern göttlicher Eingebung entspringen muß.«

Die Engländer, die dem Tod oder der Gefangennahme entrinnen konnten, flohen, so schnell sie konnten. Die Franzosen reparierten notdürftig den zerstörten Brückenpfeiler und kehrten – wie Jeanne vorausgesagt hatte – über die Brücke zur Stadt zurück.

»Wir haben gesiegt! Die Tourelles sind gefallen!«

Der Siegesruf flog in Windeseile durch Orléans. Dankbar und mit grenzenloser Begeisterung empfing die Stadt spät in der Nacht die Sieger. Die Helden des Tages, Dunois und Jeanne, wurden mit besonderem Jubel begrüßt. Alle Glokken läuteten. Unaufgefordert sammelten sich Soldaten und Bürger zu einem Prozessionszug. Im Fackelschein zogen sie zur Kathedrale, wo ein Dankgottesdienst gefeiert wurde. Noch nie war das Te Deum* so aufrichtig und inbrünstig angestimmt worden wie an diesem denkwürdigen Abend. Tausende von Stimmen vereinigten sich im Chor zum Lob Gottes, der heute ein so herrliches Wunder hatte geschehen lassen.

Während in allen Straßen ausgelassene Feststimmung aufkam, Freudenfeuer entfacht wurden und gelacht und gezecht wurde, zog sich Jeanne in ihr Quartier zurück, um ihre Wunde frisch verbinden zu lassen. Sie stärkte sich mit einigen gerösteten Brotschnitten, die sie in verdünnten Wein tauchte. Das war ihre Nahrung für diesen Tag.

Sonntag, 8. Mai

Schon in den frühen Morgenstunden fanden sich die französischen Truppen bewaffnet und kampfbereit auf den Stadtmauern von Orléans ein, um die Engländer zu beobachten. Sie sahen, wie die Feinde ihr Lager abbrachen und sich in Schlachtordnung aufstellten. Wollten sie tatsächlich noch einmal angreifen? Die Franzosen hielten den Atem an. Doch was sie zu sehen bekamen, erfüllte sie mit Genugtuung. Die Engländer wandten sich um und räumten vor den Augen der Franzosen kampflos das Feld.

»Laßt sie ziehen«, gebot Jeanne, »wir verfolgen sie nicht, denn heute ist Sonntag, der Tag des Herrn.«

Orléans war frei.

* Te deum laudamus: Dich, Gott, loben wir; alter kirchlicher Lobgesang

»Führt mich nach Orléans, dort werde ich euch die Zeichen weisen, deretwegen ich gesandt bin«, hatte Jeanne anläßlich ihrer Prüfung in Poitiers versprochen.

Nun war Orléans befreit. Jeanne hatte ihr Wort gehalten und das Zeichen, daß sie von Gott gesandt war, gegeben. Glanzvoll hatte sie den ersten Teil ihrer göttlichen Mission erfüllt. Die Krönung des Dauphins in Reims, ihre zweite große Aufgabe, stand noch bevor.

Jeanne war viel zu bescheiden, um aus der Einlösung ihres Versprechens viel Aufhebens zu machen. Allen, die sie zu ihrem außerordentlichen Erfolg beglückwünschten, erklärte sie schlicht: »Es gefiel Gott, durch eine einfache Jungfrau die Feinde des Königs zurückzuschlagen.«

Bis zum heutigen Tag verehrt die Stadt Orléans Jeanne mit unverminderter Treue und erinnert sich in Dankbarkeit der unvergeßlichen Heldin und Retterin. Mit Prozessionen, Mysterienspielen und Festumzügen wird seit 1429 über mehr als fünf Jahrhunderte hinweg jedes Jahr der 8. Mai gefeiert, der Tag, an welchem die Engländer nach siebenmonatiger Belagerung der Stadt abgezogen waren.

Die Gestalt Jeannes – jedes Jahr im Umzug dargestellt, wie sie damals war, in voller Rüstung, hoch zu Pferd, die weiße Standarte in der Hand – verkörpert stets von neuem Hoffnung, Mut, Zuversicht und Freiheit.

Ohne Krönung kein König

Um ein Uhr nachts hämmerte es laut ans Schloßtor von Chinon.

»Wer da?« fragte die Wache mit verschlafener Stimme.

»Öffnet schnell! Weckt sofort den König, gute Botschaft aus Orléans!« keuchte der Eilbote und sprang von seinem schweißtriefenden Pferd. Ohne sich Rast zu gönnen, hatte er die Strecke von Orléans bis an den Hof nach Chinon in schnellstem Galopp zurückgelegt.

»Orléans ist befreit. Die Engländer sind abgezogen. Wir haben gesiegt!« meldete er noch immer außer Atem, als er vor dem königlichen Prunkbett stand.

Sogleich war Charles hellwach. Seit Jahren war ihm keine so gute Nachricht überbracht worden.

»Orléans ist frei«, sagte er leise. »Die Jungfrau hat also Wort gehalten. Gott ist mit ihr.«

›Orléans frei‹, pochte rhythmisch sein schneller Puls, ›Orléans frei‹. War das nicht ein deutlicher Beweis, daß Gott ihn nicht vergessen hatte, daß Er sich seiner und seines Reiches erbarmte, daß er, Charles, auch der rechtmäßige Thronfolger war?

Überall in Frankreich und weit über seine Grenzen hinaus erregte die Neuigkeit von der unerwartet schnellen, an ein Wunder grenzenden Befreiung Aufsehen, denn Orléans war zum Sinnbild des französischen Widerstandes gegen die feindlichen Eroberungen geworden. Jeannes herausragende Verdienste fanden allenthalben großen Widerhall. Sie wurden sogar auch in jenen Kreisen, die außerhalb des englisch-französischen Machtbereichs lagen, wahrgenommen und besonders erwähnt. Das rätselhafte, außergewöhnliche Mädchen erstaunte, beschäftigte und faszinierte alle Zeitgenossen.

Chronisten und Poeten überboten einander gegenseitig mit überschwenglichen Schilderungen von Jeannes Heldentaten, schmückten sie mit eigenen Phantasien weiter aus und verherrlichten Jeanne als »vom Himmel gesandte begnadete Jungfrau, gottgesandte Friedensbringerin, Weckerin der französischen Kühnheit, Zierde des Königreiches, Licht der königlichen Lilien und leuchtender Glanz der Christenheit«.

»Im Jahr 1429 begann die Sonne wieder in Frankreich zu scheinen«, reimte eine alte französische Dichterin. Mit diesem Vers traf sie genau die Stimmung, die Jeannes Erscheinen ausgelöst hatte: Der strahlende Erfolg der Jungfrau war das Licht, das Frankreich in den dunkelsten Tagen seiner Geschichte erhellte, und ihre intuitive Gabe, Vertrauen in Gott und den Dauphin zu wecken, war die Wärme, die das am Boden liegende Frankreich wieder aufrichtete.

Selbstverständlich wurde auf der Seite von Charles' Gegnern ebenfalls von der übernatürlichen Wirkung, die von Jeanne ausging, gesprochen. Die Engländer schrieben sie allerdings nicht himmlischer, sondern teuflischer Macht zu.

Auch dem englischen Regenten Bedford mußte die Nachricht von der Niederlage vor Orléans überbracht werden. Niemand beneidete den Meldegänger um diese Aufgabe.

»Du wagst es, mir unter die Augen zu treten«, fuhr der Regent den Ärmsten an, als dieser das Geschehen geschildert hatte.

»Ja, Herr«, stammelte der Bote verlegen, »wir mußten weichen, fluchtartig das Feld räumen, sonst . . .«, er stockte; die Angst vor den französischen Soldaten, die unter dem weißen Banner des unerschrockenen Mädchens so wütend gekämpft hatten, steckte ihm noch in den Gliedern.

»Sonst?« fragte Bedford grimmig.

»Sonst hätten sie uns alle niedergemetzelt«, stöhnte der Mann, »überirdische Kräfte waren am Werk.«

»Geh!« befahl der Regent außer sich, »geh, und laß dich hier nie mehr blicken!«

Allein geblieben ließ Bedford seinem Zorn freien Lauf. »Hätten wir uns nur nie auf dieses Unternehmen eingelassen! Ich wußte ja von Anfang an, daß es schiefgehen würde«, schimpfte er laut.

Er konnte es Salisbury und Talbot nicht verzeihen, daß sie ihren Kopf durchgesetzt und Orléans belagert hatten, als ob es keinen anderen Weg gegeben hätte, den Dauphin in die Knie zu zwingen. Nun mußte er, Bedford, die Suppe auslöffeln, die seine Feldherren ihm eingebrockt hatten. Daß Salisbury seinen Fehler schon mit dem Leben bezahlt hatte, war für Bedford kein Trost. Aber vielleicht konnte wenigstens Talbot in der nächsten Schlacht retten, was noch zu retten war. Oder glaubte der am Ende auch schon an den Spuk von der Jungfrau?

Die nach und nach bei Bedford einlaufenden Nachrichten bestätigten die Aussage des Boten, daß es vor Orléans nicht mit rechten Dingen zugegangen und daß eine geheimnisvolle, zauberische Kraft im Spiel gewesen sei, die die Engländer gelähmt und ihnen allen Mut genommen habe.

Bedford hatte noch vor weniger als zwei Monaten über die lächerliche Kriegserklärung der Jungfrau gespottet. Keinen Augenblick hatte er daran gedacht, sie als Gegnerin ernst zu nehmen. Nun mußte er sich mit der Tatsache abfinden, daß das Mädchen nicht scherzte, sondern seine Drohung wahr gemacht hatte. Wie sollte er nur seinem jungen Neffen, der ahnungslos in London auf Siegesmeldungen wartete, eine Rechtfertigung für das Versagen seiner Armee geben?

Der umständlich formulierte Brief, den er an Heinrich, König von England und von Frankreich, sandte, spiegelt seine Verlegenheit wider und zeigt, wie bereitwillig auch er an das Hexengerücht glaubte.

»Die englischen Kriegszüge sind bis zur Belagerung von Orléans ausgezeichnet verlaufen«, schrieb er. *»Dort jedoch erlitten wir große Verluste durch die Zaubersprüche einer teuflischen Frau, Pucelle genannt, die Aberglauben und blinde Furcht verbreitete und als Anhängerin und Spionin des Teufels von bösen Beschwörungen und Zauberei Gebrauch machte.«*

Es dauerte nicht lange, bis ganz England von der französischen Hexe wußte. Ihre angeblich teuflischen Künste wurden gewaltig aufgebauscht, um dadurch die englische Niederlage zu beschönigen. Die Übertreibungen gingen so weit, daß sich viele englische Söldner wegen der Pucelle vor dem Kriegsdienst in Frankreich drücken wollten.

Während Bedford über seine Niederlage grollte, feierten Charles und sein Hofstaat den Triumph von Orléans. Bis zu seiner südlich von Blois gelegenen Residenz Loches war der Dauphin den Siegern entgegengeeilt, um sie zu beglückwünschen und mit ihnen die weiteren Feldzugspläne zu besprechen.

»Wir sind dankbar für deine guten und wunderbaren Taten, Jeanne«, sprach Charles, als er Jeanne vor den Toren des Schlosses empfing. Gerührt zog er die sich tief vor ihm verneigende Jungfrau zu sich empor und umarmte das Mädchen, das sich so tapfer und selbstlos für ihn eingesetzt hatte.

Jeanne hielt die anschließende Beratung, ob man jetzt besser die englisch besetzte Normandie befreie oder nach Reims ziehe, für gänzlich überflüssig. Die Stimme des heiligen Michaels befahl doch klar, daß sie jetzt den Dauphin zur Krönung führen müsse, zur Weihe, die ihn erst zum wahren König erheben würde und ihm endlich die uneingeschränkte Anerkennung seiner Rechte als Thronfolger bringen mußte. Das war doch viel wichtiger als die Normandie.

Erregt ging Jeanne auf Charles zu, fiel vor ihm auf die

Ankunft Jeannes vor dem Schloß.
Rechts vorne Jeanne zu Pferd mit ihrer Standarte, links Charles.
(Deutscher Wandteppich, um 1470)

Knie und bat eindringlich: »Edler Dauphin, haltet nicht so langen und ausgedehnten Rat! Kommt so bald wie möglich nach Reims, um Eure würdige Krone zu empfangen. Wenn Ihr erst zum König gesalbt und gekrönt seid, werden die Gegner unaufhörlich an Macht einbüßen, bis sie am Ende weder Euch noch Eurem Land mehr schaden können.«

Die ehrwürdigen Herren des Kronrates schüttelten unwillig die Köpfe. Alle erhoben gleichzeitig Protest: »Reims liegt mitten im feindlich besetzten Gebiet. Es ist Wahnsinn, dieses Unternehmen zu wagen. Für uns ist Charles auch ohne Krönung König. Sein Leben darf nicht solchen Gefahren ausgesetzt werden. Unsere Armee würde der englisch-burgundischen Armee nicht standhalten können. Tollkühn ist das Mädchen. Sie versteht nichts von Kriegsführung. Zuerst muß unbedingt die Normandie befreit werden!«

Graf Dunois aber glaubte an Jeanne und ihre göttliche Sendung, besonders seit der entscheidenden Stunde vor den Tourelles. Er ergriff ihre Partei.

»Jeanne hat recht«, versicherte er, »der Dauphin muß so bald wie möglich gekrönt werden, sonst kommen uns die Engländer zuvor und krönen den kleinen Heinrich.«

Als die Ratgeber immer noch murrten, fügte er bitter hinzu: »Ihr seid berechnende Egoisten! Ihr wollt ja die Normandie nur zurückerobern, weil dort eure Güter liegen. Ihr habt nichts anderes im Sinn als die Einkünfte aus euren Ländereien. Aber jetzt geht es nicht um Geld und Besitz, sondern um Sein oder Nichtsein von Frankreich!« Mit erhobener Stimme übertönte er die aufbegehrenden Räte: »Das gespaltene Land braucht einen gekrönten und gesalbten König! Das verunsicherte Volk muß endlich wissen, zu wem es gehört. Es wird denjenigen als französischen König anerkennen, der zuerst in Reims geweiht wird. Nicht Heinrich VI. soll es sein, sondern Charles VII., unser Dauphin.«

Dankbar blickte Jeanne zu Dunois. Wie treffend hatte er gesagt, was sie selbst ausdrücken wollte. Charles verkörperte Frankreich. War er erst gesalbt und gekrönt, würde er für alle der rechtmäßige, von Gott eingesetzte Herrscher sein und so gestärkt sein Land aus der Krise führen können. Dann würde auch sie ihn endlich »König« und nicht mehr »Dauphin« nennen können. Wie freute sie sich auf diesen Tag.

Charles ergriff nun das Wort. Ausweichend sprach er: »Wie Uns scheint, können Wir den endgültigen Beschluß über die Krönung noch etwas hinausschieben. Die Gegend um Orléans muß zuvor noch gänzlich von den Feinden gesäubert werden, damit diese Unserer Armee nicht in den Rücken fallen, wohin sie auch immer marschiert. Deshalb ist die Befreiung der Loirestädte Jargeau, Beaugency und Meung, die noch in englischer Hand sind, Voraussetzung für weitere Entscheidungen. Später werden Wir dann weitersehen.«

Die umgehend für den Loire-Feldzug zusammengezogenen französischen Truppen unter dem Kommando des Herzogs von Alençon zogen, wie vereinbart, nach Jargeau und berannten die Festung. Der erste Angriff schlug trotz Jeannes anfeuernden Rufen und La Hires verwegenem Vorprellen fehl.

»Wir wollen das Unternehmen abbrechen, wir haben uns zu früh daran gewagt«, entschied d'Alençon kleinbeigebend. »Wir werden es zu einem späteren Zeitpunkt nochmals versuchen.«

Als Jeanne das hörte, widersprach sie heftig und beharrte darauf, sofort einen zweiten Anlauf zu nehmen.

»Auf zum Sturm!« trieb sie die Truppen an, und zum Herzog gewandt, fuhr sie fort: »Habt keine Angst! Ich weiß, dies ist die Stunde, die Gott gefällt. Und wenn es Gott will, dann ist der Augenblick zu wirken da. Hilf dir selbst, dann hilft dir Gott!« Aus vollster Überzeugung fügte sie hinzu: »Unser Herrgott hat die Engländer verdammt. Sie sind unser in dieser Stunde. Habt Mut!«

In diesem Moment gelang der Durchbruch, und Jargeau fiel in die Hand der Franzosen.

»Ihr seht, mein schöner Herzog, wie gut alles geht, wenn man auf Gott vertraut«, sagte Jeanne verschmitzt zu d'Alençon, bevor sie sich zur Ruhe legte. »Und morgen früh ziehen wir gegen Beaugency, nicht wahr?« Herausfordernd sah sie den Herzog an.

»Ja«, stimmte dieser zu, »wenn du dabei bist, wird auch Beaugency nicht widerstehen können.«

Der gewaltige mittelalterliche Burgfried von Beaugency legt Zeugnis ab von der wichtigen Rolle, die der Ort als Brücken- und Handelsstadt damals spielte. Im Lauf des Hundertjährigen Krieges hatten die Engländer diese Festung schon dreimal erobert und wieder verloren. Nachdem sie die Stadt 1428 zum viertenmal in ihre Gewalt gebracht hatten, setzten sie alles daran, den einzigen Loireübergang zwischen Orléans und Blois nicht wieder zu verlieren.

Die Soldaten des Dauphins fürchteten sich vor einem Angriff auf die stark befestigte Anlage. Jeanne aber war siegessicher, noch ehe das Gefecht begonnen hatte.

Wieder spornte sie die Zaudernden an: »Im Namen Gottes! Ihr müßt kämpfen! Der gnädige König wird heute den größten Sieg davontragen. Mein Ratgeber, meine Stimme, hat mir gesagt, daß sie heute alle unser sein werden.«

Schon schien der Sieg in Reichweite. Die Besatzung der Stadt hatte sich bereits ergeben, da rückten neue englische Truppen in Schlachtordnung heran.

Unschlüssig sah der Herzog von Alençon die Jungfrau an und sagte: »Unsere Soldaten sind erschöpft, sie können nicht ein zweites Mal kämpfen. Was sollen wir tun?«

Ohne zu zögern antwortete Jeanne: »Die Sporen geben!«

»Was sagst du da?« fragte d'Alençon ungläubig. »Sollen wir denn fliehen?«

»Nein«, erwiderte Jeanne ungeduldig, »wir werden die Engländer besiegen, und ihr werdet die Sporen geben müssen, um sie zu verfolgen.«

Jeanne setzte die Fortführung des Kampfes durch, der genauso ausging, wie sie vorausgesagt hatte. Die Engländer flohen nach verlustreichem Gefecht, Hunderte von Toten blieben auf dem Kampfplatz zurück. Ebenso viele Soldaten fielen auf der Flucht vor den Franzosen in Gefangenschaft, aus der sie durch Lösegeld freigekauft oder gegen französische Gefangene ausgetauscht werden konnten.

Zwei Tage später ritt Talbot, der erfahrene englische Feldherr, mit seinen Hauptleuten über die Ebene von Patay.

»Dies ist der richtige Ort für eine offene Feldschlacht«, urteilte er mit geübtem Blick. »Hier werden wir uns für die Niederlagen von Orléans, Jargeau, Beaugency und Meung rächen. Hier werden wir das französische Heer so zermalmen, daß Bedford wieder aufatmen kann.«

Seine Feldherrn nickten.

»Hinter den niedrigen Hecken können unsere trefflichen Bogenschützen Deckung finden«, entwickelte Talbot seinen Plan, »und die Franzosen samt ihrer Hexe von beiden Seiten in die Zange nehmen.«

Bei der Erwähnung Jeannes zuckten die Heerführer zusammen und sahen einander zweifelnd an. Sie hatten die letzten Niederlagen noch nicht verwunden.

»Auf unsere Bogenschützen ist ganz England stolz«, sprach Talbot aufmunternd weiter, »sie sind den Franzosen mit ihren schwerfälligen Armbrüsten weit überlegen. Das zeigte sich schon 1346 in der Schlacht von Crecy und erst recht im Jahr 1415 bei unserem Sieg in Azincourt. Der Hagel ihrer blitzschnellen Pfeile wird auch hier den Himmel verdunkeln.«

Umsichtig erklärte er seinen Heerführern nun den Aufstellungsplan: »Die fünfhundert Bogenschützen eröffnen mit ihren Salven den Kampf. Die Hauptmacht bezieht weiter hinten Stellung, am Ausgang der schmalen Passage. Sie greift erst an, wenn die feindlichen Reihen durch den Pfeilregen in Unordnung geraten sind. Ist alles klar?«

Die Befehlshaber bejahten und eilten zu ihren Mannschaften, um sie zu instruieren. Die ausgesucht großen, durch ständiges Üben gekräftigten Bogenschützen trafen sogleich ihre Vorbereitungen. Sie prüften die Bogen, die tadellos instand waren. Wegen des trockenen Wetters waren die Sehnen straff gespannt und elastisch.

»Unsere Pfeile werden die Harnische der Franzosen wie Siebe durchlöchern«, machten sie sich gegenseitig Mut.

Einer der Schützen fragte lachend seinen Kameraden: »Was bedeuten zwei Dutzend Pfeile in meinem Gürtel?«

»Natürlich vierundzwanzig tote Franzosen«, antwortete dieser und grinste, »das ist ein alter Witz.«

Doch die Schlacht verlief ganz anders, als sich das der große Talbot ausgemalt hatte.

Französische Kundschafter waren nämlich den Engländern auf der Spur, um deren Absichten zu erforschen. Noch wußten sie nicht, wo die Gegner ihnen die erwartete

Bogenschützen (Chronik, um 1440)

Schlacht liefern würden. Plötzlich sahen sie einen Hirsch über die Ebene jagen und hinter den Büschen verschwinden. Gleich darauf brach an dieser Stelle großes Geschrei aus. Der Hirsch war ausgerechnet mitten ins englische Lager gerannt und richtete dort große Verwirrung an. Das erregte Stimmengewirr verriet den französischen Kundschaftern die Position der Engländer.

Sofort griffen die Franzosen an. Sie ließen dem überrumpelten Feind gar keine Zeit, die wohlausgedachten Stellungen hinter den Hecken zu besetzen. Noch bevor die Bogenschützen ihre mannshohen Bogen spannen und die weitfliegenden Pfeile mit den Eisenspitzen losschnellen konnten, wurden sie zu einem überstürzten Gefecht gezwungen, besiegt, in die Flucht geschlagen oder getötet.

Talbot, der sich seines Sieges zu früh gefreut hatte, wurde gefangengenommen und wenig später dem Herzog von Alençon vorgeführt.

In Jeannes Gegenwart sprach dieser zu Talbot: »Man hätte am Morgen kaum gedacht, daß es so kommen könnte, nicht wahr?«

»So ist eben das Kriegsglück«, antwortete der geschlagene Feldherr mit Fassung.

Die Schlacht von Patay am 18. Juni 1429 endete, wie von Jeanne prophezeiht, mit einem vollkommenen Sieg für die Truppen des Dauphins.

Die Engländer waren nicht mehr in der Lage, einen weiteren Waffengang auch nur ins Auge zu fassen, ehe nicht auf der britischen Insel eine neue Armee rekrutiert und über den Kanal nach Frankreich gebracht worden war.

Wut, Haß, Enttäuschung und Entmutigung drückten jetzt erst recht auf die Stimmung im lange Zeit erfolgsgewohnten englisch-burgundischen Lager. Zuerst der unerwartete Verlust von Orléans, dann die Vertreibung aus den strategisch wichtigen Loire-Städten, zuletzt noch die ebenso schmähliche wie vernichtende Niederlage von Patay. Talbot, der beste Heerführer in französischer Gefangenschaft, andere tapfere Anführer tot.

»Das kann nicht mit rechten Dingen zugehen«, hieß es überall, »da muß der Teufel seine Hand im Spiel haben. Das Mädchen ist bestimmt von ihm besessen.«

So richtete sich alle Hoffnung auf die frischen englischen Truppen, die aus England kommen sollten. Aber gerade jetzt traf in Bedfords Hauptquartier eine Meldung aus England ein, die diese Hoffnung zunichte machte. Die neu angeworbenen Soldaten weigerten sich, so hieß es darin, in Frankreich Kriegsdienste zu leisten, aus Furcht vor dem Schreckgespenst der Jungfrau. Bedford war maßlos entrüstet. Die strenge Disziplin des englischen Heeres drohte sich gänzlich aufzulösen. Und wer war schuld daran? Einzig und allein das verfluchte Mädchen.

»Weh ihr«, drohte er, »wenn wir die Hexe erst in unserer Gewalt haben . . .«

Im französischen Lager urteilte man ganz anders über Jeanne. Ihr Ansehen stieg von Tag zu Tag. Hatten sich nicht all ihre Prophezeihungen als richtig erwiesen? Errang sie nicht Erfolg auf Erfolg?

Nicht nur ihre mitreißende Siegesgewißheit, sondern auch ihr bescheidener und frommer Lebenswandel verschafften ihr ringsumher Vertrauen und Respekt. Im Chaos des langen Krieges war nämlich die Disziplin im Heer verlorengegangen und die Moral der Soldaten gesunken. Ungestrafte Grausamkeit, Gewalt, Rücksichtslosigkeit, Habgier und Gottlosigkeit waren an der Tagesordnung, bis Jeanne durch ihr Beispiel die verwilderten Krieger zur Besserung bekehrte. Dank ihrer Autorität und ihrem Geschick, mit den Soldaten umzugehen, erreichte sie, daß die Männer aus hohem und niedrigem Stand ihr willig gehorchten, ihre praktischen Ratschläge befolgten und sich in ihrem Treiben mäßigten. Sie beichteten sogar, bevor sie mit der Jungfrau ins Feld zogen, weil sie wußten, daß die gottesfürchtige Jeanne großen Wert darauf legte. Aus Furcht vor Jeannes Zorn wagte in ihrer Gegenwart keiner mehr, sich roh und gewalttätig aufzuführen, Kirchen zu plündern, fremdes Eigentum fortzuschleppen oder Gott zu lästern.

Ihrer Ausstrahlung konnte auch der alte Haudegen La Hire nicht widerstehen, dessen wilde Flüche im ganzen Heer sprichwörtlich waren. Alle kannten sein lästerliches Gebet: »Herrgott im Himmel, ich bitte dich, für La Hire zu tun, was La Hire für dich täte, wenn du Hauptmann und La Hire Gott wäre.«

Um ihm das Fluchen abzugewöhnen, hatte sich Jeanne etwas Besonderes einfallen lassen. Da La Hire infolge einer Verletzung hinkte und deshalb stets einen Stock bei sich trug, hatte sie ihm beigebracht, das Fluchen so weit zu mildern, daß er nicht mehr im Namen Gottes, sondern ganz einfach »bei seinem Stock« wetterte.

Als La Hire nach einem langen, harten Kampftag an Jeannes Seite verschwitzt aus dem Sattel sprang, schlug er dem Mädchen anerkennend auf die Schulter und sagte lobend: »Du verstehst das Kriegshandwerk, als hättest du seit zwanzig Jahren nichts anderes getan als Aufstellungspläne entwickelt und Soldaten angefeuert. Verdammt noch mal, verzeih, ich wollte sagen, ›bei meinem Stock‹, es wird dir noch gelingen, Charles zur Krönung zu schleppen.«

»Recht so, Kamerad«, lachte Jeanne, »nur noch ›bei meinem Stock‹, wie ich es dich gelehrt habe. Ich will deine Gotteslästerungen nie mehr hören.«

La Hire, der eingefleischte Krieger, war so sehr von der Jungfrau und ihren Taten beeindruckt, daß er sich ihren Tadel gutmütig gefallen ließ.

Auf nach Reims!

Obwohl das Pendel des Erfolgs so deutlich zu seinen Gunsten ausschlug, zögerte Charles weiterhin, Jeannes Bitten nachzugeben, sofort nach dem Sieg von Patay nach Reims zur Krönung zu ziehen. Stets hielt er ihr neue Ausflüchte entgegen. Lag Reims nicht im englisch-burgundischen Herrschaftsgebiet? Gab es auf dem weiten Weg dorthin nicht viele Städte, die sich zur Wehr setzen würden?

»Es ist viel zu gefährlich«, gab er ängstlich zu bedenken. »Außerdem kosten die Krönungsfeierlichkeiten ein Vermögen, und meine Schatzkammer ist so gut wie leer.«

Jeanne konnte Charles' Trägheit und Wankelmut kaum mehr ertragen. Die Zeit drängte. Sie hatte ihm doch gesagt, daß sie nur ein Jahr dauern werde.

Mit einer Bestimmtheit, die alle Einwände in den Wind schlug, beteuerte sie: »Seid unbesorgt. Gott will, daß Ihr bald gekrönt werdet. Meine Stimme sagt es mir täglich. Ich werde Euch allen Gefahren zum Trotz sicher nach Reims geleiten. Glaubt mir, Frankreich sehnt sich nach einem mit Gottes Segen gesalbten König.«

Gerade die letzten Worte der Jungfrau ließen den Dauphin aufhorchen. Es war ihm, als höre er durch Jeanne die Stimme seines ganzen Volkes, das nach Schutz und Frieden rief.

»Es sei denn«, rang er sich endlich durch, »auf, nach Reims!«

Jeanne fiel auf die Knie.

»Heiliger Remigius«, betete sie laut, »ich danke dir. Nimm den Dauphin in deinen Schutz, führe ihn in deine Stadt Reims. Salbe ihn mit deinem Öl, damit er der richtige König sein wird.«

»Woher weißt du eigentlich soviel über Remigius und das heilige Salböl?« fragte Charles, als Jeanne sich erhob.

»Weil der heilige Remigius nicht nur der Schutzpatron

von Reims, sondern auch von meinem Dorf Domremy ist. Jedes Jahr am 1. Oktober, seinem Namenstag, hat der Pfarrer seine Legende erzählt.«

Charles sah das Mädchen betroffen an. »An die Legende habe ich lange nicht mehr gedacht. Am Weihnachtstag des Jahres 496 taufte der heilige Remigius den Merowingerkönig Chlodwig. Damals war Remigius Erzbischof von Reims.«

»Und Chlodwig war Euer Vorfahr, verehrter Dauphin«, rief Jeanne mit leuchtenden Augen. »Chlodwig war Heide, seine Frau aber eine gläubige Katholikin. Immer wieder hatte sie versucht, ihren Mann zum christlichen Glauben zu bekehren. Vergeblich. Erst als Chlodwig von seinen Feinden gefährlich bedroht wurde, gelobte er, zum Christentum überzutreten, wenn der Gott seiner Frau ihm zum Sieg verhelfe.

Er siegte. Überzeugt, daß der christliche Gott mächtiger sei als die heidnischen Götter, löste er sein Versprechen ein. Mit dreitausend Rittern pilgerte er zu Remigius nach Reims, um vom Heiligen selbst die Taufe zu empfangen. Als Chlodwig bereits im Taufbecken stand, bemerkte Remigius, daß das Öl fehlte, um den König zum Christen zu salben. Er betete zu Gott, und alsbald schwebte eine schneeweiße Taube, das Symbol des Heiligen Geistes, vom Himmel herab. In ihrem Schnabel brachte sie ein kostbares Salbgefäß, gefüllt mit heiligem Öl. Remigius tauchte das Haupt des Königs ins Wasser und salbte ihn anschließend mit dem auf wunderbare Weise erhaltenen Öl.«

Als Jeanne endlich innehielt, bemerkte der Dauphin erstaunt: »Wie gut du das alles weißt.«

»Ich habe es ja so oft gehört«, lächelte Jeanne. »Schon als kleines Mädchen hat mich dieses Taufwunder beeindruckt. Der Pfarrer von Domremy hat uns auch erzählt, daß das kristallene Ölgefäß der Taube ›Heilige Ampulle‹ heißt und noch immer in Reims verwahrt wird. Mit dem Öl, das nie versiegt, werden die französischen Könige gesalbt, wenn sie zur Krönung nach Reims kommen. Die Salbung erhebt den König zum Stellvertreter Gottes auf Erden und begründet einen Bund zwischen Gott, dem geweihten König und seinem Volk. Das weiß ich alles aus der Predigt unseres Pfarrers.«

Jeanne verstummte. Ihre Gedanken schweiften zurück nach Domremy. Die Erscheinung des heiligen Michael stand auf einmal wieder deutlich vor ihren Augen. Seine wohlvertraute Stimme durchströmte sie: »Jeanne, rette Frankreich! Führe den Dauphin nach Reims!«

»Jeanne, woran denkst du?« unterbrach Charles die Träumende.

Strahlend sah Jeanne den Dauphin an und sprach: »Ich dachte gerade daran, wie mir in Domremy die Augen aufgingen für den Zusammenhang zwischen Eurer Krönung und Salbung und der Rettung Frankreichs. Ich kannte zwar schon lange die Legende des heiligen Remigius und hatte auch in der Predigt gehört, daß die Salbung den König zu Gottes Stellvertreter weiht. Aber erst, als mir der heilige Michael befahl, Euch nach Reims zu führen, erfaßte ich, daß Eure Salbung auch die Rettung Frankreichs bedeutet.« Sie streckte ihre Arme dem Dauphin entgegen und rief: »Begreift Ihr denn nicht? Ihr seid das Bindeglied zwischen Himmel und Erde, zwischen Gott und dem französischen Volk!«

Charles schwieg. Jeannes Bekenntnis stimmte ihn nachdenklich. Er hatte in der Krönung vor allem eine Machtprobe mit seinem Widersacher, dem kleinen König Heinrich von England, gesehen, der aufgrund des Vertrages von Troyes auch die französische Krone beanspruchte. Hatte er dabei nicht, gequält von den Zweifeln an seiner königlichen Abstammung, nur an sich selbst gedacht? Sein Volk vergessen?

Und jetzt stand das junge Mädchen vor ihm und erinnerte ihn in einfachen Worten daran, daß die Königswürde nicht nur Macht und Recht verlieh, sondern auch Verpflichtung und Verantwortung seinem Volk gegenüber bedeutete.

»Glaubst du wirklich, daß das französische Volk auch so denkt wie du?« fragte er noch immer mißtrauisch. »Glaubst du, daß es mich, den Verstoßenen, zum König will, daß es sich nach der Krönung auf meine Seite stellen wird?«

»Schon vor der Krönung, edler Dauphin«, versicherte Jeanne mit Wärme. »Ihr werdet sehen, wie sehr Euch die Leute lieben, so wie auch ich Euch liebe.« Leise fügte sie hinzu: »Ich glaube, daß wir aus dem Volk die Krönungsidee besser verstehen als manch einer bei Hofe. Wir spüren, daß die Rettung Frankreichs durch Euren Bund mit Gott möglich wird, so, wie es meine Stimme verheißen hat.«

»Gebe Gott, daß du recht hast«, schloß Charles das Gespräch, »aber nun müssen wir die Vorbereitungen für die Krönung treffen.«

Nach altem Brauch verschickte die königliche Kanzlei die Einladungen für die Zeremonie in Reims an alle Städte des Reiches und an die geistlichen und weltlichen Fürsten Frankreichs. Auch in Domremy wurde das bevorstehende große Ereignis bekannt. Jeannes Eltern und Onkel Durand machten sich zusammen mit anderen Verwandten und Bekannten sogleich auf den Weg nach Reims. Sie freuten sich auf das Wiedersehen mit ihrer Jeannette, die seit dem Aufbruch von zu Hause Unglaubliches geleistet haben mußte.

Obwohl Charles wegen der enormen Ausgaben, die der Krieg verschlungen hatte, kein Geld mehr besaß, um die Teilnehmer am Krönungszug, seine Soldaten und sein Gefolge, angemessen zu entschädigen, strömten seine Anhänger auf den Aufruf hin aus allen Teilen des Landes zusammen. Gien an der Loire war der vereinbarte Treffpunkt.

»Auch ohne Sold kommen wir überall hin, wohin uns die Jungfrau führt«, versicherten die in Scharen herbeiströmenden Menschen.

»Wir haben von Jeannes wunderbaren Taten gehört und wollen ihr und dem Dauphin nach Reims folgen«, gelobten

Tausende von einfachen Leuten, »ihr Ziel ist auch unser Ziel!«

Eine Welle von leidenschaftlicher Zuneigung für den zukünftigen König und für Jeanne, die das Sinnbild für Frankreich geworden war, erfaßte das Volk.

»Der Krönungszug schwoll an wie eine Lawine«, schrieb der Chronist, der in Gien die Ankunft der unzähligen Leute mitverfolgte. Was hatte diese Lawine ausgelöst? Wer hatte sie ins Rollen gebracht?

Die ersten Anzeichen aufkeimender Gefühle für ein freies, geeintes Frankreich waren kaum wahrnehmbar gewesen, aber allmählich bahnte sich diese Idee ihren Weg ins Bewußtsein der Franzosen. Je tiefer die Engländer in ihr Land vorstießen, desto stärker war im verborgenen der Widerstand des Volkes gegen die fremden Machthaber gewachsen. Aber noch fehlten Persönlichkeiten, die dem aufkommenden Widerstandswillen zum offenen Durchbruch verhelfen konnten. Der Dauphin war schwach, unentschlossen, untätig. Die Fürsten verfolgten ihre eigenen Interessen, und die Heerführer kämpften zwar tapfer, achteten aber wenig auf die Stimmung im Volk.

Erst als sich herumsprach, wie das von Gott gesandte Mädchen entschlossen für Frankreich eintrat, wie sie es wagte, der englischen Übermacht zu trotzen, erwachte ein Gemeinschaftsgefühl für Frankreich und verbreitete sich lawinenartig im ganzen Land. Was man bisher nur heimlich gedacht hatte, wagte man auf einmal auszusprechen, denn Jeanne verwirklichte genau das, was alle empfanden oder ersehnten. Sie gab das Signal, auf das alle gewartet hatten, Vertrauen in den Dauphin zu fassen und sich für die Befreiung Frankreichs einzusetzen.

Getragen von der durch Jeanne geweckten Kraft seines Volkes, brach Charles Ende Juni an der Spitze des Krönungszuges nach Reims auf, beschützt von einem Heer besoldeter und freiwilliger Kämpfer, begleitet von einer riesigen Menge von Anhängern, Bürgern und Bauern,

Männern und Frauen, Alten und Jungen, Armen und Reichen, die sich alle voll Begeisterung für den Dauphin und für Jeanne dem Sog des gemeinsamen Unternehmens anschlossen. Nur die Königin Marie fehlte. Ihre zarte Natur wäre den Strapazen des gefährlichen Ritts nicht gewachsen gewesen.

Bald hatte der mächtige Zug das französische Stammland hinter sich gelassen und burgundischen Boden erreicht.

Wo blieb der gefürchtete englisch-burgundische Widerstand? Weit und breit waren keine Spuren von feindlichen Truppenbewegungen zu erkennen. Auxerre, die erste große Stadt an der Straße nach Reims, öffnete bereitwillig ihre Tore, um den Dauphin zu empfangen und ihm den Treueeid zu schwören.

Noch immer wuchs Charles' Gefolgschaft. Jeden Tag reihten sich neue Anhänger in den Krönungszug, der, ohne auf einen Hinterhalt zu stoßen, nordwärts das Herzogtum Burgund durchquerte. In der Nähe der Stadt Troyes geriet der auf fast achttausend Personen angewachsene Zug zum erstenmal ins Stocken. Es war bekanntgeworden, daß diese Stadt sich zur Wehr setzen würde.

Der Dauphin rief seine Ratgeber und Feldherrn in sein Zelt. Auch Jeanne wurde aufgefordert, an der Besprechung teilzunehmen.

Der stolze, königliche Ausdruck, der während der letzten Tage in den Zügen des Dauphins geleuchtet hatte, war erloschen. Bedrückt nahm er das Wort: »Troyes, diese unselige Stadt des Verrats, beschwört die bittersten Erinnerungen Unseres Lebens herauf. Ihr wißt warum: Dort wurde 1420 das widerrechtliche Abkommen unterzeichnet, das Uns enterbte und die französische Krone dem englischen König übertrug. Bis heute ist Troyes eine Hochburg der englisch-burgundischen Partei. Sie will Uns auch jetzt trotzigen Widerstand entgegensetzen.«

Die Männer schwiegen. Auch Jeanne sagte nichts. Voll Mitleid blickte sie auf den Dauphin, der zusammengesunken vor sich hinbrütete. Sie wußte, daß er an die vielen schlaflosen, von Sorgen, Ängsten und Zweifeln geplagten Nächte dachte, an die vielen von Ungewißheit und Niederlagen überschatteten Jahre, die ihn der Vertrag von Troyes gekostet hatte.

Nach einer langen Pause ergriff Dunois das Wort: »Kein Zweifel! Es war verhängnisvoll, was seinerzeit in Troyes geschehen ist. Aber das liegt hinter uns, und Reims liegt vor uns. Ich sehe im Augenblick nur zwei Möglichkeiten: Entweder wir umgehen die Stadt oder wir belagern und erobern sie.«

»Ich neige zum ersten Vorschlag«, sagte Charles schnell, »ich würde am liebsten einen großen Bogen um Troyes machen.«

»Ich auch«, ließ sich der Erzbischof von Reims vernehmen, der es plötzlich eilig hatte, seine verwaiste Bischofsstadt zu erreichen.

»Nein, beim Teufel und bei meinem Stock«, brauste La Hire auf, »die Stadt, von der soviel Niedertracht ausgegangen ist, muß unterworfen werden! Wenn wir sie umgehen, wird uns ihre starke Besatzung in den Rücken fallen. Obwohl uns eine Belagerung wertvolle Zeit kostet und die Krönung verzögert, halte ich sie doch für das geringere Übel. Lieber den Feind angreifen, als ihn im Rücken wissen. Von meinen Kundschaftern höre ich übrigens, daß die Bewohner von Troyes vor unseren Vergeltungsmaßnahmen zittern, weil sie ein schlechtes Gewissen haben. Geschieht ihnen recht, verdammt noch mal, will sagen, bei meinem Stock.«

Die königlichen Ratgeber konnten sich lange nicht einigen, ob eine Belagerung gewagt werden sollte oder nicht. Da nahm Jeanne das Wort und verschaffte sich Gehör: »Edler Dauphin! Haltet jetzt nicht länger Rat. Laßt Eure Soldaten Troyes belagern. Im Namen Gottes, ich werde Euch, noch ehe drei Tage um sind, Eintritt nach Troyes verschaffen, im Guten oder mit Gewalt. Und bei den verräterischen Burgundern wird sich Entsetzen verbreiten!«

Der Dauphin und die Mehrheit der Räte beugten sich ihrem Willen. Sogleich wurde der Befehl erlassen, Troyes anzugreifen.

Jeanne bestieg rasch ihr Pferd und stürmte mit ihrer Fahne gegen die Stadt. Die Soldaten folgten ihr unverzüglich, denn sie wußten seit Orléans, daß sich der Sieg dort einstellte, wo das weiße Feldzeichen der Jungfrau wehte.

Der Wassergraben vor der Stadtmauer gebot ihnen Halt. Jeanne befahl mit lauter Stimme: »Füllt den Graben mit Holz und Reisigbündeln auf, damit wir ihn überschreiten und eine Bresche in die Mauer schlagen können!«

Die Männer gehorchten. Alles Holz, das sie auftreiben konnten, schleppten sie herbei. Reisig, Äste, Balken, Bretter, sogar ganze Baumstämme, Zaunlatten, Bänke, Tische und Türen warfen sie in den Wassergraben. Die ganze Nacht hindurch arbeiteten sie fieberhaft.

Als der Morgen dämmerte, war der Graben schon fast aufgefüllt. Aus Furcht vor dem bevorstehenden Angriff und der sicheren Rache sandten die zitternden Einwohner von Troyes einen Boten ins französische Lager. Sie wählten dazu den Mönch Richard, der beauftragt wurde, mit dem Dauphin und Jeanne über die Bedingungen zur Übergabe der Stadt zu verhandeln.

Unterwürfig betrat dieser das königliche Zelt und sprach: »Die Stadt Troyes ist bereit, sich dem Dauphin zu ergeben. Sie bereut das Charles angetane Unrecht und bittet um Schonung.«

Mißtrauisch schielte Bruder Richard bei diesen Worten zu Jeanne hinüber. Vielleicht war sie wirklich eine Hexe, wie er hatte sagen hören? Vorsichtshalber schlug er das Zeichen des Kreuzes und sprengte Weihwasser, um sich vor ihrem »bösen Geist« zu schützen.

Jeanne beobachtete seine furchtsame Geste belustigt und sagte: »Kommt unbesorgt näher, ich bin weder ein Geist noch eine Hexe. Ich fliege nicht davon!«

Die Verhandlungen dauerten nicht lange. Troyes kapitulierte, noch ehe die drei von Jeanne ausbedungenen Tage vergangen waren. Die Stadt schwor dem Dauphin Gehorsam. Als Gegenleistung versprach dieser, das ihm angetane Unrecht zu vergeben und das Vergangene zu vergessen.

Mit großem Gepränge ritt Charles sodann in die Stadt ein, ihm zur Seite Jeanne mit ihrer Fahne in der Hand.

Die erfolgreiche Einnahme von Troyes gab der Königsarmee noch mehr Auftrieb. Der Ruf, unaufhaltsam und unwiderstehlich zu sein, eilte dem Heer weit voraus. Als sich der gewaltige Zug der Stadt Châlons näherte, kamen die Bewohner dem Dauphin bereits vor die Tore entgegen und überreichten ihm die Schlüssel der Stadt zum Zeichen ihrer Unterwerfung.

Nun war es nicht mehr weit bis Reims. Jeannes Herz schlug schneller, je näher das heißersehnte Ziel rückte. Als sich am Horizont die dunkle Silhouette der Kathedrale vor dem hellen Abendhimmel abhob, jubelte sie laut: »Seht dort in der Ferne die beiden hohen Türme, sie zeigen zum Himmel, das muß die Krönungskirche sein!«

Erwartungsvoll blickte sie Charles, der neben ihr ritt, ins Gesicht. War er auch so glücklich wie sie? Nein, er wirkte unruhig, immer wieder sah er sich ängstlich um, bei jedem lauten Geräusch schrak er zusammen.

»Wenn nur die Reimser keinen Widerstand leisten«, sagte er besorgt, »wir haben weder Artillerie noch Belagerungsmaschinen. Auch die Engländer könnten Unsere Krönung im letzten Moment noch vereiteln.«

»Fürchtet nichts«, beruhigte ihn Jeanne fröhlich, denn sie hatte die Stimmung im Volk besser erkannt als Charles. »Die Bürger von Reims werden Euch mit offenen Armen entgegenkommen. Wenn Ihr mutig seid, werdet Ihr das ganze Königreich zurückerobern.«

Am 16. Juli zog der Dauphin unter Jubelrufen und Glockengeläute an der Spitze des Krönungszuges in Reims ein. Zu seiner Rechten ritt die strahlende Jeanne, zu seiner Linken sein Kanzler, der Erzbischof von Reims.

Die Krönung

Schon viele französische Könige waren nach Reims gekommen, um hier feierlich als »sehr christliche Könige«, wie sie sich nannten, den Bund mit Gott zu schließen und mit dem Öl der Heiligen Ampulle gesalbt zu werden.

Aber noch nie in der fast tausendjährigen Krönungsgeschichte war eine Krönung so überstürzt durchgeführt worden wie die Charles' VII. Für seine Vorgänger war der Tag der Königsweihe – sie mußte an einem Sonntag stattfinden – lange im voraus festgelegt worden. So konnte der glanzvolle, aber komplizierte Ablauf der Zeremonie bis in alle Einzelheiten sorgfältig geplant werden. Bei Charles' Krönung blieb keine Zeit für gründliche Vorbereitungen. Es mußte von einem Tag zum anderen geplant und gehandelt werden. Am Samstag war Charles in Reims eingezogen, am Sonntag wurde er bereits gekrönt, nicht nur aus Furcht, daß schon der Aufschub um eine einzige Woche den Engländern Gelegenheit bieten könnte, die Feier zu verhindern; die Stadt Reims hätte auch nicht genügend Lebensmittel aufbringen können, um die riesige Krönungsarmee so lange zu verpflegen.

Der Zeremonienmeister, der für die reibungslose Durchführung des Festes verantwortlich war, hatte alle Hände voll zu tun. Geschäftig eilte er von einem Ort zum anderen, um seine Anweisungen zu erteilen und überall nach dem Rechten zu sehen. Atemlos hastete er in die Sakristei, um mit dem Erzbischof von Reims, der die heilige Handlung zelebrieren sollte, den Ablauf zu besprechen.

»Sind Krone, Zepter und Schwert für die Krönung bereit?« fragte er den Geistlichen.

»Auf diese nach altem Brauch verwendeten Insignien*

* Insignien: Kennzeichen von Macht und Würde

werden wir morgen leider verzichten müssen«, antwortete der Erzbischof, »denn, wie Euch bekannt ist, werden sie in der Abtei von Saint-Denis bei Paris aufbewahrt. Sie können nicht mehr rechtzeitig hierher gebracht werden. Es ist ein Jammer, daß Charles nicht mit der altehrwürdigen Krone Karls des Großen gekrönt werden kann wie die anderen Könige vor ihm«, fuhr er bedauernd fort, »gerade unserem zerrissenen Land täte die Erinnerung an ihn und an seine große Reichsidee gut. Doch ich weiß, daß Reims in seinem Kirchenschatz auch eine würdige Krone besitzt, die morgen als Ersatz dienen kann.«

»Und wie steht es mit den übrigen Insignien, die im Krönungsprotokoll eine wichtige Rolle spielen?« fragte der Zeremonienmeister besorgt.

»Der Krönungsmantel muß hier aufbewahrt sein«, antwortete Regnault de Chartres und wies mit der Hand auf die schweren Eichentruhen an der Längswand der Sakristei. »Zepter und Schwerter gibt es in der Schatzkammer mehr als genug. Ich werde die schönsten aussuchen, sobald ich den Krönungsmantel gefunden habe. Die Hauptsache ist ja, daß Charles überhaupt gekrönt wird.«

»Richtig«, stimmte ihm der Zeremonienmeister bei und verabschiedete sich erleichtert.

Er eilte weiter in die Küche des erzbischöflichen Palastes. Ohne an Schlaf zu denken, rüsteten dort Dutzende von Köchen aus eilig zusammengetragenen Vorräten das Festmahl für die königliche Ehrentafel. Dank der Großzügigkeit der Reimser war der Speisezettel so üppig, daß man vor lauter Köstlichkeiten hätte vergessen können, daß ringsumher Krieg und Mangel herrschten. An riesigen Feuerstellen schmorten Ochsen, Hammel, Schweine und Ferkel; in den Pfannen brutzelten Fische, Wildbret und Geflügel, und in den Öfen wurden luftige weiße Festtagsbrote, würzige Pasteten und mit Honig gesüßte Torten gebacken.

Nachdem der Zeremonienmeister sich vergewissert hatte, daß hier alles zum besten stand, rief er seine Helfer zusammen, um ihnen die letzten Befehle zu geben.

»Auch das Volk muß am Krönungsfest teilnehmen und auf seine Rechnung kommen«, sprach er. »Bestellt Musikanten, die zum Tanz aufspielen sollen! Spart nicht mit Almosen für die Armen! Richtet in den Straßen Küchen ein, um die vielen Zuschauer auf königliche Kosten mit Speise und Trank zu versorgen! Niemand soll morgen hungrig und durstig sein. Und schmückt die Stadt mit Blumen und Fahnen!«

Seine Anordnungen wurden schnellstens ausgeführt. Überall wurde fieberhaft Hand angelegt, um die Kathedrale, die Häuser, Straßen und Plätze für das große Ereignis herauszuputzen. Blumen und Girlanden, Wandteppiche und Fahnen in den königlichen Farben gaben der Stadt über Nacht ein festliches Gesicht.

Der Dauphin durchwachte die Nacht vor der Krönung allein in der Kathedrale, um sich im Gebet auf seine hohe Weihe vorzubereiten, so, wie es seinerzeit auch Chlodwig vor seiner Taufe getan hatte. Während draußen emsige Betriebsamkeit herrschte, kniete er einsam in der Stille der dämmrigen Kirche vor dem Altar. Nur der Schein einer Kerze warf ein schwaches Licht auf sein Antlitz, dessen Blässe seine heftige innere Bewegung verriet. Stumm bewegte er die Lippen. Er dankte Gott, daß er jetzt an diesem heiligen Ort das Erbe seines Vaters antreten durfte, daß es ihm endlich vergönnt war, frei von Zweifeln sein Recht auf die Krone durchzusetzen. Demütig bat er Gott, ihm die nötige Kraft zu schenken, um sich seines hohen Amtes würdig zu erweisen, um sein Volk gerecht zu regieren und Frankreich den langersehnten Frieden zu geben.

Charles seufzte, gerade das letzte lag noch in weiter, weiter Ferne. Aber war er nicht dank Jeannes Eingreifen diesem Ziel schon viel näher gekommen?

Lange lag er regungslos auf den Knien, seinen Gedanken hingegeben, den Kopf in den Armen vergraben. Als er sich aufrichtete, glaubte er im Licht der flackernden Kerze eine Gestalt zu erkennen.

»Jeanne?« fragte er leise, »bist du es?«

Alles blieb still. Dennoch spürte Charles deutlich ihre Nähe. Hatte sie ihm nicht wie die Kerze vor ihm aus der Finsternis entgegengeleuchtet? Hatte sie nicht in seinem Herzen im Augenblick höchster Not das Vertrauen zu Gott geweckt? Hatte nicht das Feuer der Jungfrau den Weg erhellt, der Frankreich aus der Dunkelheit führte?

Als Charles mit einem Dankgebet für die wunderbare Hilfe, die ihm durch Jeanne zuteil geworden war, seine Andacht beschloß, war die Kerze beinahe niedergebrannt. Der Morgen dämmerte.

Sein Krönungstag war angebrochen.

Die gotische Kathedrale von Reims war am Morgen des 17. Juli 1429 zum Bersten gefüllt. Durch die hohen, farbenprächtigen Glasfenster schimmerte das Licht des Himmels auf die mit violettem Samt ausgeschlagenen steinernen Wände und Pfeiler. Die hereinfallenden Sonnenstrahlen ließen die Gewänder der festlich gekleideten Würdenträger und ihre bunten Wappenbanner aufleuchten. Hell glänzte das rotseidene Gewand des Dauphins, der zuvorderst am Altar stand, auf dem die Goldkrone funkelte.

Dicht neben Charles stand Jeanne mit ihrer weißen Fahne. Ihre Standarte, die in aller Bedrängnis immer ganz vorne gewesen war, nahm heute einen weithin sichtbaren Ehrenplatz ein und ragte an der Seite der azurblauen, mit drei goldenen Lilien bestickten königlichen Standarte, dem Wahrzeichen Frankreichs, hoch empor. Alle anderen Standarten waren, dem Krönungszeremoniell entsprechend, eingerollt und gesenkt, als verneigten sie sich ehrfürchtig vor dem König.

Leises Stimmengewirr erfüllte den hohen Raum, doch es verstummte sogleich, als der Erzbischof in vollem Ornat an den Altar trat und die Feier mit einem Gebet eröffnete.

Dann richtete er, auf den Dauphin weisend, mit ernster Stimme an alle Anwesenden die gewichtige Frage: »Seid ihr gewillt, Charles VII. von Valois als euren König zu akzeptieren?«

Stürmischer Beifall war die Antwort. »So soll es sein. Amen!« hallte es von allen Seiten. Niemand war da, der den Thronanspruch des Dauphins bestritt.

Dankbar für das ihm entgegengebrachte Vertrauen legte Charles seine rechte Hand auf die große Bibel und sprach langsam: »Ich schwöre, alles, was in meinen Kräften steht, zu tun, um den Frieden der Kirche und des mir untertanen christlichen Volkes zu wahren, Ungerechtigkeit zu verhindern und Barmherzigkeit zu üben, damit Gottes Gnade immer mit uns sei.«

Dieser nach altem Ritterideal geleistete Eid wurde mit dem Ritterschlag besiegelt, den Charles vom Herzog von Alençon erhielt. Der Herzog als ranghöchster Vertreter des Adels berührte zweimal die Schultern des Dauphins mit der flachen Klinge des Krönungsschwertes.

Nun wandten sich alle Blicke zum Kirchenportal, durch das vier besonders für diesen Tag ernannte »Ritter der Heiligen Ampulle« in die Kathedrale einzogen. Über ihren Rüstungen trugen sie schwarze, mit einem silbernen Kreuz und einer weißen Taube bestickte Mäntel, in der Hand hielten sie ihre Wappenbanner. Langsam ritten sie durch das lange Mittelschiff. Unter einem silbernen Baldachin folgte auf einem weißen Zelter* der Abt des benachbarten Klosters Saint-Remy, der in seinen Armen behutsam die Ampulle des heiligen Remigius trug. Erst vor dem Altar stiegen die Berittenen von ihren Pferden. Der Abt übergab dem Erzbischof das kostbare Salbgefäß mit dem heiligen Öl.

Charles kniete vor dem Erzbischof nieder und wurde von ihm zum König der Könige auf Erden gesalbt, mit dem Öl, von dem die Legende sagt, daß Remigius es einst von Gottes Taube erhalten habe.

* Zelter: ein im Paßgang gehendes Reitpferd für Damen und Geistliche

Ein Chorgesang begleitete die heilige Handlung, vielstimmig klang es durch den großen, hochgewölbten Raum: »Christus, salbe diesen König, um ihn zum Haupt des Reiches zu machen, wie Du die Priester, Könige, Propheten und Märtyrer gesalbt hast, die durch den Glauben die weltlichen Reiche besiegt haben und die Gerechtigkeit siegen ließen.«

Jeanne war zu ergriffen, um mitsingen zu können. Stumm sah sie zu, wie die Tropfen des himmlischen Öls zuerst über Charles' Haupt, dann über seine Brust, seine Schultern und seine Arme perlten. ›Zuerst die Salbung, dann die Krönung‹, dachte sie glücklich. ›So muß es sein. Die Weihe zu Gottes Stellvertreter macht den König erst zum Herrscher über sein Volk.‹

Zum Zeichen des Bundes zwischen Volk und König steckte der Erzbischof Charles nun einen goldenen Ring an den Finger, der dieselbe symbolische Bedeutung hatte wie ein Trauring zwischen Braut und Bräutigam.

Dann erst wurden Charles auch die Insignien seiner weltlichen Macht verliehen, die Regnault de Chartres noch am Vorabend sorgfältig bereitgelegt hatte: der dunkelblaue, mit goldenen Lilien übersäte Königsmantel aus Samt mit dem breiten Hermelinkragen, das goldene Zepter und das Prunkschwert.

Zuletzt nahm der Erzbischof die goldene Krone vom Altar und hielt sie mit beiden Händen hoch über das Haupt des Königs. Nun traten die zwölf Kronvasallen, die höchsten geistlichen und weltlichen Lehensträger des Reiches, hinzu und berührten ebenfalls die Krone mit ihrer Rechten, um durch diese Geste ihre Treue und Verbundenheit mit dem König zu bezeugen. Jeannes Finger zuckten. Ohne zu merken, was sie tat, hob auch sie den Arm und streckte ihn sehnsüchtig der Krone entgegen, als wolle auch sie sich mit der Krone verbinden. Niemand gewahrte ihre spontane Bewegung, denn alle Anwesenden verfolgten gebannt, wie die Kronvasallen Charles nun zur Estrade im Chor geleiteten, wo der Thron stand, und wie der Erzbischof von Reims

Der Erzbischof von Reims krönt König Charles VII. (Miniatur, 1484)

langsam und feierlich die Krone auf das Haupt des Königs senkte und dazu sprach: »Nimm diesen Platz ein, der Dir dank ererbtem Recht als Nachfolger Deines Vaters zusteht und Dir von Gott übergeben wurde.«

Jeanne hatte während der ganzen Zeremonie ihre Standarte fest in der Hand gehalten und keinen Blick von Charles gewandt. Als sie die Krone auf seinem Haupt sah, betete sie leise: »O Gott, Dein Wort hat sich erfüllt. Ich danke Dir, daß ich das auserwählte Werkzeug Deines Willens sein durfte, daß Du mir die Kraft und den Glauben geschenkt hast, um Deinen Befehl auszuführen. Alles ist so gekommen, wie Du es mir durch Deine Stimmen offenbart hast.«

Von Freude überwältigt ging sie zu Charles hin, fiel vor ihm nieder und umschlang seine Knie. Tränen des Glücks und der Rührung rannen über ihr glühendes Gesicht. Leidenschaftlich schluchzte sie: »Gnädiger König, endlich kann ich Euch so nennen. Jetzt ist der Wille Gottes geschehen. Er wollte, daß ich die Belagerung von Orléans aufhebe und Euch in diese Stadt Reims geleite, damit Ihr die heilige Weihe empfangt. Damit seid Ihr der rechtmäßige König, dem das Königreich Frankreich gehört.«

Bewegt, mit feuchten Augen, blickten die Umstehenden auf Charles und Jeanne, die einander umarmten. Sie spürten, daß sie Zeugen eines einzigartigen, von Gottes Nähe erfüllten Augenblicks waren.

Fünf Stunden hatte die Feier gedauert. Zum Abschluß stieg ein brausendes Te Deum zum Lob Gottes himmelwärts. Trompetenstöße erschallten so laut, als wollten sie die Gewölbe der hohen Kirche zum Einstürzen bringen. Die Glocken dröhnten, als sich der König im vollen Krönungsornat unter dem weit geöffneten Portal seinen Untertanen zeigte. Diese hatten geduldig vor der Kathedrale ausgeharrt, um ihrem neuen Herrscher zu huldigen. Tosende Begeisterungsstürme und jubelnde Hochrufe brandeten ihm entgegen: »Noël, Noël«,* tönte es tausendfach aus der Menschenmenge: »Lang lebe der König!«

»Vive la pucelle! Es lebe die Jungfrau! Es lebe Frankreich!« hallte es dazwischen, als auch Jeanne auf der Schwelle des Domes erschien. Ihre Tränen waren getrocknet, sie strahlte und freute sich weit mehr über die Jubelrufe für den König als über diejenigen, die ihr selbst galten.

Jeannes Triumph, den Höhepunkt ihres kurzen Lebens, feierten auch ihre Eltern mit. Vater und Mutter waren zusammen mit anderen Bauern aus Domremy rechtzeitig zu den Feierlichkeiten in Reims eingetroffen, wo sie auf Kosten der Stadt beherbergt wurden.

Vergessen war ihre Angst, Jeanne könnte eine Soldatendirne werden, vergessen der Kummer, den ihnen Jeannes Aufbruch bereitet hatte. Sie hatten ihr längst verziehen und

* Noël: Er lebe! Traditioneller Freudenruf des Volkes bei glücklichen Ereignissen

eingesehen, daß ihre Tochter einer höheren Macht als ihrer elterlichen Gewalt hatte folgen müssen.

Beim Verlassen der Kathedrale sagte der Vater stolz zu seiner Frau: »Unsere Jeannette an der Seite des Königs. Geehrt und umjubelt! Wer hätte das für möglich gehalten? Ist es nicht ein Wunder?«

Burgundisches Doppelspiel

Herzog Philipp von Burgund, genannt der Gute, genoß in seinem Palast ein reiches Mahl, serviert in silbernem und goldenem Tafelgeschirr, begleitet von erlesenen burgundischen Weinen und wohltönender Tafelmusik. Nachdem die Tafel aufgehoben war, zog er sich in seine luxuriös möblierte, mit kostbaren flandrischen Gobelins ausgekleidete Bibliothek zurück, welche die raffinierte Üppigkeit seines Hofes widerspiegelte. Hier wollte er in Ruhe die neuesten Briefe studieren, die von Gesandten aus allen Himmelsrichtungen gebracht worden waren.

Zuerst entfaltete er das Schreiben seines Schwagers und Verbündeten, des Herzogs von Bedford, der noch immer anstelle des unmündigen Heinrich die Regentschaft in Frankreich führte. Schnell überflog er die wenigen Zeilen.

»Neue Truppen aus England sind auf dem Weg zum Kontinent. Die Besatzung von Paris wird verstärkt«, teilte ihm Bedford mit.

›Höchste Zeit, um für die Schmach von Patay Vergeltung zu üben‹, dachte Philipp, ›mein Vetter Charles soll ja nicht meinen, er könne seinen mit der Befreiung von Orléans begonnenen Siegeszug ungehindert fortsetzen, und glauben, die Hauptstadt Paris falle ihm jetzt wie ein reifer Apfel in den Schoß, nur weil er gekrönt ist.‹

Dann griff er zu der Botschaft, die mit dem englischen Königswappen gesiegelt war. Bevor er sie öffnete, betrachtete er lange das Wappen. Er hatte es schon oft gesehen, aber heute irritierte es ihn zum erstenmal, daß darauf die englischen Leoparden und die französischen Lilien vereint waren. Schnell riß er das Siegel weg und las. Wohlwollend nahm er zur Kenntnis, daß der siebenjährige Heinrich demnächst in London als englischer König gekrönt werde, daß er anschließend nach Frankreich käme und zunächst in Rouen in der Normandie residieren solle. Doch seine

Philipp der Gute, Herzog von Burgund, empfängt ein ihm gewidmetes Buch.
Er ist umrahmt von den Wappen der Länder, die zu seinem Reich gehören. Über dem Tor sein eigenes Wappen und der französische Kriegsruf »Montjoie«. (Buchillustration, 1440)

Brauen zogen sich zusammen, als er zum Schluß las, daß Heinrich so bald wie möglich in Paris auch noch zum französischen König gekrönt werden müsse, um dadurch Charles' Krönung zu übertrumpfen.

Das ging dem Herzog von Burgund etwas zu weit. Philipp ließ das Blatt sinken, nachdenklich blickte er in die sommerliche Landschaft hinaus.

›So wird der Vertrag von Troyes doch noch erfüllt, die englische und die französische Krone werden auf einem Haupt vereinigt sein‹, sann er.

Damals, im Jahr 1420, hatte auch er für das englisch-französische Doppelkönigtum gestimmt und alles getan, um Frankreich zu schaden und die Verbindung mit England zu fördern. Sogar seine eigene Schwester hatte er dem Herzog von Bedford zur Frau gegeben. Zwei Ziele konnte er auf diese Weise verbinden: die Rache an Charles, den er für den Mörder seines Vaters hielt, und den Profit, den er aus dem Handel mit England ziehen konnte. Doch inzwischen hatten sich die Zeiten geändert. In seiner Bündnispolitik schien sich eine neue Entwicklung anzukünden.

Aber da lag noch ein Brief, den er bis jetzt übersehen hatte. Er trug das Siegel der königlich-französischen Kanzlei. Neugierig erbrach er das Schreiben, immer aufmerksamer las er die Zeilen:

»Edler Prinz, Herzog von Burgund,
ich, die Jungfrau, ersuche Euch im Namen Gottes, mit dem französischen König einen guten, dauerhaften Frieden zu schließen. Verzeiht einander von ganzem Herzen, so wie es rechte Christen tun müssen. Ich lasse Euch durch den König des Himmels, meinen Ratgeber, wissen, daß alle, die gegen das heilige Königreich Frankreich Krieg führen, gegen Jesus, den König des Himmels und der ganzen Welt, Krieg führen. Gott behüte Euch.
Geschrieben 1429 in Reims am Tag der Krönung.«

Ein Lächeln huschte über die schönen Züge des Herzogs, als er den sonderbaren Brief zu Ende gelesen hatte.

›Ein wenig naiv ist zwar die Bitte dieser seltsamen Jungfrau‹, stellte er herablassend fest, ›aber ganz unrecht hat sie nicht. Nur weiß sie offenbar gar nicht, daß Charles über den Großmarschall La Trémoïlle schon vor der Krönung geheime Kontakte mit mir geknüpft hat. Man wird das Mädchen wohl nicht zu den entsprechenden Beratungen zugelassen haben. La Trémoïlle weiß genau, daß ich das Zünglein an der Waage dieses Krieges und der Schiedsrichter zwischen Frankreich und England bin. Und inzwischen lehne ich eine Versöhnung mit Frankreich nicht mehr grundsätzlich ab, schließlich bin auch ich Franzose und ein Sproß aus dem königlichen Haus Valois. Auch ich führe die goldenen Lilien in meinem Wappen.‹

Er ergriff eine schön ziselierte silberne Glocke und klingelte nach seinem Kanzler.

»Lies einmal«, sagte er, als dieser die Bibliothek betrat. »Das kriegerische Mädchen will auf einmal Frieden schließen und hofft, daß ich mich aus christlicher Nächstenliebe mit meinem gekrönten Vetter versöhne.«

Nicolas Rolin, der als Kanzler seit Jahren den erfolgreichen Kurs der burgundischen Politik steuerte und über alle Staatsgeschäfte bestens informiert war, las aufmerksam das ihm hingehaltene Schreiben.

Spöttisch bemerkte er: »Von Politik und Diplomatie versteht das Mädchen gewiß nicht viel, das geht aus ihrem Brief deutlich hervor. Doch sie spürt richtig, daß für uns der Dialog mit Charles interessant werden könnte, nachdem die Krönung sein Ansehen gewaltig gehoben und Frankreich einen starken Impuls zur Einigkeit gegeben hat. Ich meine, wir sollten die neue Entwicklung sorgfältig beobachten und prüfen, welchen Gewinn Burgund aus der Lage ziehen kann. Schließlich seid Ihr der reichste und mächtigste Fürst Europas und könntet, wenn Ihr wolltet, sogar selbst König werden.«

»Bewahre«, winkte der Herzog ab, »ich kann meinen Einfluß auch ohne Krone behaupten. Aber kommen wir auf den merkwürdigen Brief der Jungfrau und La Trémoïlles Verhandlungsbedürfnis zurück. Wie wäre es, wenn wir dem neuen König vorerst einmal einen Waffenstillstand anböten?« Philipps Augen wurden ganz schmal, als er weiterfuhr: »Ein Waffenstillstand bringt uns Zeitgewinn und ermöglicht Bedfords Truppen, in Paris Fuß zu fassen. Sollte Charles ernsthaft an einer Aussöhnung mit uns interessiert sein, wird er uns als Gegenleistung Land abtreten müssen.«

»Denkt der Herzog an ein bestimmtes Gebiet?« fragte Rolin höflich, obwohl er genau wußte, worauf sein Fürst abzielte.

»Natürlich«, antwortete Philipp schmunzelnd, »die Provinzen zwischen meinem reichen Flandern und der Hauptstadt Paris habe ich schon lange im Auge. Sie würden meinen Besitz nicht nur vergrößern, sondern auch abrunden.«

»Ihr könnt Euch, wie gewohnt, auf mich verlassen, ich werde es so zu arrangieren wissen, daß Ihr erhaltet, was Ihr wünscht«, sprach der Kanzler mit einer leichten Verbeugung und zog sich, ebenso geräuschlos wie er gekommen war, zurück.

Kurz nachdem die Krönungsfeierlichkeiten und das darauffolgende Volksfest zu Ende waren, ließ Charles Jeanne zu sich rufen. Freudig betrat sie den Palast des Erzbischofs von Reims, der notdürftig mit den besten Möbeln aus den Häusern der reichen Bürger als königliche Residenz hergerichtet worden war. Erwartungsvoll stieg sie, immer zwei Stufen auf einmal nehmend, zu den fürstlichen Gemächern empor.

›Ob Charles mit mir seine weiteren Feldzugspläne besprechen will?‹ dachte sie. ›Jetzt wäre doch der richtige Augenblick, Paris zu erobern. Jetzt müßte Charles unbedingt seine Stärke ausnützen, um seine Hauptstadt zurückzugewinnen.‹

Jeanne wußte, daß auch Dunois, La Hire und der Herzog von Alençon den König dazu drängten. Wenn ihm Paris gehörte, würden sich die Engländer auch in den anderen Gebieten nicht mehr halten können. Wenn sich auch noch der Herzog von Burgund auf Charles' Seite stellte, dann stünde der Vertreibung der Engländer nichts mehr im Weg.

»Willkommen, Jeanne, tritt näher«, begrüßte Charles die Jungfrau und riß sie aus ihren Gedanken. »Wir haben dich rufen lassen, um dir für die wertvollen Dienste, die du Uns geleistet hast, zu danken. Als Anerkennung sei dir die Erfüllung eines Wunsches gewährt. Was du auch erbittest, es soll dein sein.«

Verlegen blieb Jeanne stehen. Das hatte sie nicht erwartet.

»Ihr seid gütig, mein König, ich danke Euch«, sprach sie und verneigte sich tief, »aber ich habe für mich keine Wünsche. Ich habe fast alles erreicht, was ich mir vorgenommen habe. Mein sehnlichster Wunsch und der Befehl meiner Stimmen ist erfüllt, denn Ihr seid gekrönt.«

»Nur nicht so schüchtern, Jeanne«, ermunterte sie der König, »du hast so viel für Uns getan, daß Wir nun gerne auch etwas für dich tun möchten. Vielleicht wünschst du dir Reichtum und Besitz? Zum Beispiel ein Landgut, oder kostbare Kleider, wie die Hofdamen der Königin sie tragen, oder edle Pferde?«

Jeanne schüttelte dankend den Kopf. »Ich brauche weder Reichtum noch Besitz, aber...«

»Aber was möchtest du denn?« fragte Charles schon ein wenig ungeduldig.

»Wenn ich für andere etwas wünschen dürfte«, fuhr Jeanne fort, »so möchte ich bitten, daß die Bewohner meines Dorfes keine Steuern und Abgaben mehr leisten müssen. Schwer lastet diese Pflicht auf ihnen. Oft müssen sie Hunger leiden, um die geschuldeten Zinsen zu zahlen. Ich habe es selbst in Domremy erlebt, und meine Eltern klagten gestern auch darüber, als sie mir von zu Hause erzählten.«

»Gerne erfülle ich deinen Wunsch«, versicherte der König gnädig.

Er hielt tatsächlich Wort. Domremy bekam die von Jeanne erbetene Steuerfreiheit, ein Recht, das mehr als dreihundert Jahre, bis zum Ausbruch der Französischen Revolution, in Kraft blieb.

Der König bedeutete Jeanne mit einer Handbewegung, daß das Gespräch nun beendet sei.

Jeanne rührte sich nicht.

»Du kannst jetzt gehen«, wurde Charles deutlicher, »Wir werden dein Dorf bestimmt nicht vergessen.«

»Und Paris?« rief Jeanne verzweifelt. »Wann ziehen wir nach Paris?«

»Wir haben eben mit Burgund einen Waffenstillstand für zwei Wochen geschlossen«, erwiderte Charles schroff. »Wir sind in Unterhandlung, um Paris auf friedlichem Weg zu gewinnen.«

Nur mit Mühe unterdrückte Jeanne ihren Unmut. Weshalb nun wieder eine Zeitverschwendung? Mit Lanzen, nicht mit Worten, mußte Paris gewonnen werden. Die Stimme hatte ihr doch unmißverständlich aufgetragen, die Engländer aus Frankreich zu vertreiben, Mann für Mann, wie sie es ihnen in ihrer Kriegserklärung hatte schreiben lassen.

Aufgebracht verließ sie das Audienzzimmer. Es tat ihr weh, daß sie der Stimme nicht Folge leisten durfte, sondern sich an diese sinnlose Waffenruhe halten mußte.

Als sie die Treppe hinunterging, kam ihr die massige Gestalt La Trémoïlles entgegen. Hatte er seine Hände im Spiel? Ohne ihren Gruß zu erwidern, ging der Großmarschall an ihr vorbei. Da ahnte Jeanne, daß sie auf verlorenem Posten stand.

Noch wirkte Jeannes einigende Kraft auf die Franzosen, aber wie lange würde sie andauern, wenn keine Taten mehr folgten?

Vorläufig bekannte sich noch eine Stadt nach der anderen zu Charles, öffnete ihm ihre Tore und schwor ihm Gefolgschaft. Sogar im englisch-burgundisch besetzten Teil Frankreichs liefen viele Städte zum gekrönten König über, genau wie Jeanne vorausgesagt hatte.

Auch in der zwischen Reims und Paris gelegenen Stadt La Ferté wiederholte sich das glänzende Schauspiel des königlichen Empfangs. Der König zog mit Trompetenschall und großem Gefolge durch die Straßen, vom begeisterten Publikum umjubelt und mit Blumen überschüttet. Jeanne, die die Ehre hatte, zwischen dem Erzbischof von Reims und dem Grafen Dunois zu reiten, sah mit heller Freude, wie Charles von einer Welle von Verehrung und Vertrauen getragen wurde.

»Was für ein gutes Volk!« sagte sie zu Dunois. »Niemals habe ich eines gesehen, das sich so über die Ankunft eines edlen Königs freute. Ich bin ja so erleichtert, daß Charles gekrönt ist.«

Da schlug unvermittelt ihre Freude in Trauer um. Mit einer brüsken Bewegung hielt sie ihr Pferd an und seufzte: »Wie froh wäre ich, wenn ich hier begraben würde!«

Überrascht vom ungewohnt bitteren Ton in Jeannes Stimme brachte Dunois sein Pferd zum Stehen. Mitfühlend legte er seinen Arm um ihre Schultern und fragte besorgt: »Was ist mit dir? Du bist ja plötzlich ganz verändert. So habe ich dich noch nie reden gehört!«

»Ich weiß nicht, was über mich gekommen ist«, sagte Jeanne verstört, »aber ich fühle mich auf einmal leer, elend und wie erloschen. Ich möchte am liebsten gleich sterben.«

Der Erzbischof, der bis jetzt geschwiegen hatte, fragte nun erstaunt: »Hast du denn eine Ahnung, wo und wann du sterben wirst?«

»Wo es Gott gefällt. Ich kenne weder Stunde noch Ort besser als Ihr«, antwortete Jeanne tonlos und begann zu weinen.

Dunois strich ihr zärtlich übers Haar und beruhigte das zitternde Mädchen: »Kopf hoch, meine liebe Jeanne. Sei nicht traurig! Ich verstehe deinen Schmerz, aber glaube mir, er wird bald vorübergehen.«

Als Jeanne ihn ungläubig ansah, fuhr er fort: »Du hast in den letzten Wochen mehr getan als wir alle, du hast deine letzten Kräfte für die Krönung hergegeben. Deshalb bist du nun so erschöpft und siehst alles schwarz.«

»Du magst recht haben«, meinte Jeanne nachdenklich, »trotzdem habe ich Angst, ich könnte den Auftrag meiner Stimmen nicht mehr ausführen. Ich habe keine Kraft mehr, den Dauphin von der Notwendigkeit eines Angriffs auf Paris zu überzeugen.«

»Es wird schon noch dazu kommen«, sagte Dunois zuversichtlich, obwohl auch er sich, genau wie Jeanne, über Charles' und La Trémoïlles Waffenstillstand ärgerte. »Dann wirst du auch wieder im Vollbesitz deiner Kräfte sein«, versicherte er. »Und nun trockne deine Tränen und freue dich über den Jubel des Volkes, das dich liebt!«

Der plötzliche Stimmungsumschwung der Bevölkerung zugunsten von Charles erfüllte den Herzog von Bedford mit Entrüstung und Neid. Schon die Krönung hatte er nicht verhindern können, jetzt mußte er auch noch hinnehmen, daß Städte und Festungen aus seinem Machtbereich zu Charles überliefen. Wenn nur endlich die versprochenen Truppen aus England landen würden, dann könnte er Charles und dessen Hexe schon Einhalt gebieten! Zunächst blieb ihm aber nichts anderes übrig, als mit Worten den gehaßten Gegner zu bekämpfen. In einem Brief an Charles verleumdete er die Krönung als Hexenwerk.

»Wir, John von Lancaster, Regent von Frankreich und Herzog von Bedford, tun Euch, Charles von Valois, der Ihr Euch ohne Grund König nennt, kund, daß Ihr gegen die Krone meines Herrn, des hohen und be-

rühmten Fürsten Heinrich, des natürlichen und rechtmäßigen Königs von England und Frankreich frevelt, indem Ihr dem gemeinen Volk vorlügt, daß Ihr Frieden und Sicherheit bringt«, schrieb Bedford. *»Damit betrügt Ihr das unwissende Volk, und das erreicht Ihr nur mit Hilfe abergläubischer und verdammungswürdiger Personen, wie jenes liederliche und schändliche Weib ist, das in Männerkleidern einhergeht!«*

Charles schenkte dem Schreiben keine Beachtung. Er verließ sich auf die von seiner Krönung ausgehende Hochstimmung im Volk und obendrein auf La Trémoïlles Verhandlungskunst und den guten Willen des Herzogs von Burgund. Auf diesem Weg glaubte er, Paris friedlich in Besitz nehmen zu können. Er durchschaute nicht, daß sich Philipp hinter seinem Rücken wieder mit Bedford verständigt hatte. Ebensowenig bemerkte er, wie geschickt die soeben aus England angelangten Truppenverbände seiner Krönungsarmee entgegenmanövrierten.

Gutgläubig ließ Charles sich von Burgund und England durch zwielichtige Operationen hinhalten, in zermürbende Verhandlungen, verzögerungstaktische Waffenstillstände und ablenkende Scharmützel verwickeln. So verlor seine Armee zusehends an Stoßkraft, nicht zuletzt, weil er ihre Marschrichtung immer häufiger änderte, bald führte sie gegen Paris, bald von Paris weg. Unterdessen konnten die Feinde Zeit gewinnen und ihre Stellungen festigen.

Jeanne und die von der Notwendigkeit des Kampfes überzeugten »Falken«, Dunois, d'Alençon und La Hire, sträubten sich gegen den undurchsichtigen Zickzack-Kurs ihres Königs, dem sie sich nur widerwillig anschlossen. Sie wären am liebsten unverzüglich von Reims aus nach Paris geeilt, um die Hauptstadt im Sturm zu erobern.

Genau davor fürchtete man sich bereits in Paris.

Paris

»Paris ist die schönste Stadt! Paris ist ohnegleichen!« So schwärmte man schon damals von der Hauptstadt Frankreichs. Und das zu Recht, war sie doch mit 200 000 Einwohnern mit Abstand die größte, prächtigste und bedeutendste Stadt Europas.

Sie wurde von neuen, starken Befestigungsanlagen umschlossen, die ebenso zu ihrer Berühmtheit beitrugen wie die großartigen Kirchen, die feudalen Adelspaläste, die Sorbonne, die hochgeachtete Universität, und die riesigen Markthallen, wo alle erdenklichen Güter aus Ost und West gehandelt wurden.

Der englisch-französische Krieg hatte vor den Mauern von Paris nicht haltgemacht, im Gegenteil: Machtkämpfe, Revolten, Meutereien, Hungersnöte, Aufstände und zuletzt der innerfranzösische Bürgerkrieg hatten wiederholt zu heftigen Erschütterungen geführt und die übervölkerte Stadt in einen Zustand dauernder Spannung und Gärung versetzt.

Auch jetzt, in den letzten schwülen Julitagen des Jahres 1429, brach Unruhe über das englisch-burgundisch besetzte Paris herein. Ausgelöst wurde sie durch ein Gerücht, das innerhalb von wenigen Stunden in aller Munde war und große Aufregung hervorrief.

»Charles marschiert mit seiner Armee auf Paris!« gellte es wie ein Schrei durch die ganze Stadt.

Auf Gassen, Straßen und Plätzen liefen die aufgescheuchten Menschen zusammen, um Näheres zu erfahren. Doch niemand wußte etwas Genaues, jeder äußerte nur Vermutungen, Befürchtungen und Ängste.

Auf dem großen Markt war ein besonders wildes Durcheinander. »Ist es wirklich wahr, daß die Krönungsarmee auf Paris zieht?« fragte ein Metzger und wischte seine blutigen Hände an der Schürze ab.

»So hört man es überall. Die Jungfrau soll auch dabeisein!« rief sein Zunftgenosse.

»Sie wollen die Stadt im Sturm nehmen«, wußte der Bäcker, »da werden die Preise wieder einmal in die Höhe schnellen!«

»Blutig wird sich Charles für seine Vertreibung und Enterbung rächen«, fürchtete ein alter Wirt, der vor mehr als zehn Jahren das burgundische Massaker und die nächtliche Flucht des Dauphins aus Paris miterlebt hatte.

»Der ›König von Bourges‹ möchte sich wohl nach seiner Krönung zum ›König von Paris‹ aufschwingen«, spottete ein überzeugter Anhänger der Engländer, »aber da hat er die Rechnung ohne die Herzöge von Bedford und von Burgund gemacht. Die werden schon dafür sorgen, daß ihm die Lust dazu vergeht.«

»Wie voll der verdammte Überläufer den Mund nimmt!« zischte im Hintergrund ein Krämer seinem Freund zu. »Mir sind jedenfalls Charles und seine Anhänger weniger verhaßt als Bedford mit seinen Engländern, deren Sprache wir nicht einmal verstehen.«

»Mir auch«, pflichtete ihm sein Freund flüsternd bei. Ängstlich legte er jedoch die Hand an die Lippen: »Pst, hüte dich, laut zu sagen, daß du für Charles und gegen die jetzige Regierung bist, du wärest deines Lebens nicht mehr sicher.«

»Ich wäre froh, wenn endlich Ruhe und Frieden einkehrten und die Geschäfte ihren gewohnten, ruhigen Gang nähmen«, seufzte der Krämer und stahl sich unbemerkt davon.

Während die Männer noch spekulierten und debattierten, stürmten die Frauen die Lebensmittelstände, um Vorräte zu hamstern, ehe die Preise in schwindelnde Höhen stiegen, wie immer, wenn Paris in Gefahr schwebte.

Die obersten Befehlshaber von Paris, die Herzöge von Bedford und von Burgund, befanden sich bereits in der Hauptstadt. Gelassen verfolgten sie das brodelnde Treiben und die wachsende Spannung in den Straßen. Sie wußten, daß der befürchtete Angriff nicht so bald zu erwarten sei, hatten sie doch gemeinsam Charles von Paris abzulenken verstanden.

Ebenso geschickt stachelten sie nun die öffentliche Meinung gegen ihn auf. Sie veranstalteten eine gewaltige Prozession quer durch Paris, die sie gezielt in eine gehässige Beschimpfung des neugekrönten Königs ausarten ließen. Mit dröhnender Stimme verschaffte sich der Herzog von Burgund Gehör und wiegelte die Massen gegen Charles auf. Einmal mehr beschuldigte er ihn des Mordes an seinem Vater und verhöhnte Charles' uneheliche Abkunft.

»Ihr Männer und Frauen von Paris!« rief er zum Schluß in die riesige Menschenmenge hinein, »laßt euch nicht vom Hexenwerk der Reimser Krönung blenden! Euer König heißt nach wie vor Heinrich! Nicht Charles. Ihm habt ihr als treue Untertanen zu dienen. Jeder von euch soll hier und jetzt schwören, ihm überall und in allem zu gehorchen und Charles, der sich zu Unrecht König von Frankreich nennt, mit allen erdenklichen Mitteln zu schaden!«

Bürger, Kaufleute, Handwerker, Fuhrknechte, Schäfer, Kuhhirten, ja sogar Mönche, Marktfrauen und Stubenmädchen erhoben die Hand und leisteten den verlangten Eid. Die einen taten es willig, die anderen aber unwillig, denn sie mochten die englisch-burgundische Partei nicht.

Das Gerücht von der nahenden Krönungsarmee erwies sich als falsch. Charles' Angriff stand keineswegs unmittelbar bevor. Aber Paris war gewarnt und rüstete sich hastig zur Verteidigung. Bedford ließ über dreitausend englische Ritter und Bogenschützen nach Paris einschleusen und die Befestigungsanlagen weiter ausbauen. Die Stadtmauern wurden sorgfältig auf mögliche schwache Stellen untersucht und ausgebessert. Kleinere oder ungünstig zu verteidigende Stadttore wurden sicherheitshalber zugemauert.

Jedes Quartier* wurde verpflichtet, Tag und Nacht einen Wachdienst aufrechtzuerhalten, auf den Zinnen Wurfgeschosse und Löschwasser für die brandgefährdeten Holzhäuser bereitzustellen und in den Straßen Barrikaden und Kettensperren zu errichten.

Die Stadttore blieben geschlossen. Es war bei Todesstrafe untersagt, Paris zu betreten oder zu verlassen. Nicht einmal zur Ernte der reifen Felder in der Umgebung wurde Ausgang gewährt, obwohl die Lebensmittel in der Stadt täglich knapper wurden und die Preise sich verdoppelten, ja verzehnfachten. Es herrschte höchste Alarmbereitschaft. Die Wachen wurden verstärkt. Tag und Nacht hielten sie von den Zinnen Ausschau nach den ersten verdächtigen Anzeichen des feindlichen Aufmarsches. Doch der Angriff ließ auf sich warten.

Als Charles Anfang September einsehen mußte, daß der Herzog von Burgund ein Doppelspiel trieb, ihn mit Waffenstillständen hinhielt und gleichzeitig mit Bedford paktierte, gab er schließlich dem Drängen seiner Feldherrn nach, die Hauptstadt mit Gewalt zu nehmen. Aber seine Einsicht kam zu spät. Für einen Überraschungsangriff auf die riesige Stadt war sein Heer zu schwach und für eine langdauernde Belagerung zu schlecht ausgerüstet, es fehlte sowohl an Lebensmittelvorräten als auch an Belagerungsmaschinen, um die inzwischen hochmobilisierte Stadt in die Knie zu zwingen.

In seinem neuen Hauptquartier in Saint-Denis, nur wenige Wegstunden von Paris entfernt, gab Charles am 7. September 1429 den Befehl zum Angriff. Angeführt von Jeanne und den verdienten Feldherren d'Alençon und La Hire setzten am folgenden Tag 12000 Mann in Schlachtordnung zum Sturm auf Paris an. Keiner von ihnen, ob ranghoher Ritter oder einfacher Knecht, zweifelte daran,

* Quartiers: Stadtteile von Paris

daß die Jungfrau dem König Eintritt in die Hauptstadt verschaffen werde, wenn ihr König es wirklich wollte.

Ungestüm preschte Jeanne bis an den Rand des Schützenwalls vor, sprang vom Pferd und prüfte mit ihrer Lanze die Tiefe des Wassergrabens.

»Wir können ihn nicht durchwaten, er ist zu tief«, rief sie den Soldaten zu. »Schnell, ladet das Holz von euren Karren ab und füllt den Graben auf! Holt die Sturmleitern und legt sie an die Mauern!«

Ohne sich vom Pfeilregen, der unaufhörlich von den Zinnen auf die Angreifer herabprasselte, einschüchtern zu lassen, legte sie ihre Hände trichterförmig an den Mund und schrie, so laut sie konnte: »Ihr dort oben, ergebt euch auf der Stelle, denn, bei Jesus, wenn ihr es nicht vor dem Abend tut, werden wir mit Gewalt eindringen, ob ihr es wollt oder nicht, und ihr werdet alle ohne Gnade getötet werden!«

»Werden wir, du blutige Hure?« brüllte spöttisch ein Schütze zurück und zielte auf Jeanne. Der Bolzen seiner Armbrust durchbohrte ihren Panzer und verletzte sie am Schenkel.

Jeanne schrie auf und beugte sich über die blutende Wunde, aber sie verdrängte den Schmerz und kämpfte unbeirrt weiter. Mitten im ohrenbetäubenden Lärm der donnernden Kanonen spornte sie unermüdlich die Soldaten an, ihr Bestes zu geben.

Als die Nacht hereinbrach, mußte der Herzog von Alençon die Widerstrebende mit Gewalt vom Schlachtfeld wegführen.

»Wir hätten die Stadt schon noch genommen«, zischte Jeanne enttäuscht und zerknirscht auf dem Rückweg, »wenn man mich nur hätte machen lassen.«

Am nächsten Morgen wollte sie den Kampf trotz ihrer Verletzung wieder aufnehmen. »Ich weiche nicht von hier, bevor ich die Stadt eingenommen habe«, trotzte sie.

Doch Charles hatte anders entschieden und strikten Befehl zum Rückzug erlassen. Jeanne und d'Alençon, der ebenfalls das Gefecht nicht vorzeitig abbrechen wollte, wurden gezwungen, ins Quartier des Königs nach Saint-Denis zurückzukehren. Betrübt und widerwillig gehorchten sie.

Im Lager bei Saint-Denis wurden die vielen hundert Verletzten versorgt und gepflegt. Jeannes robuste Natur half mit, daß sich ihre Schußwunde nicht, wie befürchtet, infizierte, sondern rasch heilte. Aus Dankbarkeit legte sie eine vor Paris erbeutete Rüstung und ein erobertes Schwert auf dem Altar der Kathedrale von Saint-Denis, der Grabkirche der französischen Könige, nieder. Damit folgte sie dem alten Brauch verwundeter Krieger, wie sie ihn auf ihrem Weg nach Chinon in Sainte-Catherine de Fierbois kennengelernt hatte. Sie wollte ein gutes Werk tun und den heiligen Dionysius, den Schutzpatron des französischen Heeres, um Beistand bitten, daß Paris doch noch erobert werden könne.

Aber schon wenige Tage später ließ Charles die Quartiere von Saint-Denis räumen und sein Heer zum Abmarsch bereitstellen. Die Abfertigung der aufgebrachten Deniser Stadtbewohner überließ er seinem Schatzmeister. Wütend umringten diese den verlegenen Mann, der nicht wußte, woher er die nötigen Mittel nehmen sollte, um die vereinbarte Entschädigung für die Einquartierung und Verpflegung der königlichen Truppen aufzubringen. Er hatte voreilig gehofft, die leere Staatskasse durch Plünderung von Pariser Schätzen wieder auffüllen zu können. Nun, da diese Rechnung nicht aufgegangen war, mußte er der empörten, geprellten Bevölkerung von Saint-Denis eingestehen, daß der König ohne Beute die große Schuld für die Lieferung von Getreide, Fleisch, Wein, Futter, Holz sowie für die Unterkünfte leider nicht begleichen könne.

So machte sich das geschlagene Heer, verfolgt von Drohungen und lauten Schmährufen, aus der geschädigten Stadt davon und rettete sich ins Loire-Gebiet.

Auf dem Weg in den sicheren, königstreuen Süden, den Charles so schnell wie möglich zu erreichen suchte, tauschten Jeanne und der Herzog von Alençon ihre Gedanken über den Mißerfolg von Paris aus.

»Ich bin genauso enttäuscht wie du, Jeanne«, sagte der Herzog. »Sicher wäre die Eroberung der Hauptstadt gelungen, wenn der König sofort von Reims aus den Angriff gewagt hätte. Die Gelegenheit war einmalig. Aber du weißt ja selbst, wie unentschlossen und träge Charles ist.«

Jeanne nickte. Sie erinnerte sich nur zu gut, wieviel Willenskraft sie gebraucht hatte, um ihn von der Notwendigkeit seiner baldigen Krönung zu überzeugen.

»Der König hat Paris verscherzt«, fuhr der Herzog mit einem vorwurfsvollen Unterton in der Stimme fort, »zunächst einmal durch das lange Hinausschieben und dann erst recht durch den launischen, unverständlichen Abbruch des begonnenen Unternehmens.«

»Hoffentlich verhandelt La Trémoïlle nicht gerade jetzt mit Burgund«, sagte Jeanne leise.

»Das würde unseren Kampf gegen die Engländer erschweren, wenn nicht gar unmöglich machen«, erwiderte der Herzog.

Schweigend ritten sie nebeneinander her. Nach einer Weile nahm Jeanne den Faden des abgerissenen Gesprächs wieder auf: »Es ist doch seltsam, daß die Pariser so starken Widerstand geleistet haben. Ich hatte gehofft, daß auch sie sich freudig hinter Charles stellen, genau so, wie es die Bewohner vieler anderer Städte getan haben. Weißt du noch, wie Charles bei seinem Einzug in La Ferté gefeiert wurde?«

»Und du mit ihm«, fiel d'Alençon herzlich ein. »Leider hat sich Paris von dieser Begeisterungswelle für dich und Charles nicht anstecken lassen. Die Macht der englisch-burgundischen Partei ist dort doch größer, als wir vermutet haben. – Aber nimm's nicht so schwer«, versuchte er Jeanne zu trösten, »mit Gottes Hilfe werden wir unser Land befreien, auch wenn wir jetzt einen empfindlichen Rückschlag erlitten haben, der uns womöglich einige Jahre kosten wird.«

»Dank für deine guten Worte«, sagte Jeanne traurig. »Sie tun mir wohl, aber sie helfen mir auch nicht darüber hinweg, daß sich zum erstenmal meine Voraussage als falsch erwiesen hat. Der Sieg über Paris, den ich so dringend wünschte, hat sich nicht eingestellt.«

War die Kraft von Jeannes Ausstrahlung im Schwinden?

Der Schwung, der den Krönungszug wie eine Lawine ins Rollen gebracht hatte, war verebbt. Sobald der König und sein Gefolge das Loire-Gebiet erreicht hatten, löste Charles seine Armee auf. Er meinte, vorläufig gut auf seine Hauptstadt verzichten zu können und wollte nicht wahrhaben, daß Frankreich ohne Paris wie ein Körper ohne Kopf ist. Erst viel später, im Jahre 1436, sollte ihm die Rückeroberung von Paris gelingen.

In Gien, wo im Frühsommer der große Aufbruch stattgefunden hatte, entließ Charles am 21. September 1429 seine Truppen und verabschiedete die vielen Anhänger, die sich voller Hoffnung hinter ihn und Jeanne gestellt hatten. Für den kommenden Winter hatte er auf Betreiben seines jetzt tonangebenden Ratgebers La Trémoïlle einen weiteren Waffenstillstand mit dem Herzog von Burgund geschlossen. Er hoffte, durch Verhandlungen doch noch eine Verständigung mit ihm zu erzielen und einen Keil zwischen England und Burgund treiben zu können. Aussichten auf weitere militärische Aktionen bestanden in absehbarer Zeit keine mehr, sehr zum Leidwesen Jeannes und ihrer Kameraden.

Traurig umarmte Jeanne den Herzog von Alençon, der gekommen war, um ihr Lebewohl zu sagen.

»Wie gerne wäre ich mit dir zusammengeblieben, aber der König will es nicht«, seufzte sie.

»Er fürchtet wohl, wir beiden Hitzköpfe könnten seine Waffenruhe stören«, sagte der Herzog mit gespielter Heiterkeit, die seinen Schmerz über die Trennung von Jeanne verbergen sollte. »Adieu, meine liebe Jeanne. Du warst eine unvergleichliche Gefährtin!«

Schnell bestieg er sein Pferd und verließ Gien, ohne sich noch einmal umzusehen. Er hatte das unbestimmte Gefühl, daß er Jeanne nie wiedersehen würde.

Jeanne sah ihm lange nach. Was sollte jetzt aus ihr werden? Sollte sie zur Untätigkeit verurteilt sein, obwohl sie den Auftrag ihrer Stimme erst unvollständig erfüllt hatte, obwohl die Engländer noch tief in Frankreich standen, obwohl sie wußte, daß ihr nur ein Jahr des Wirkens gegeben war?

Es war kein Zufall, daß König Charles nach der Auflösung seiner Krönungsarmee im Schloß Sully an der Loire Aufenthalt nahm. Schloßherr von Sully war sein neuer Günstling, der Großmarschall Georges de La Trémoïlle. Als Vorsteher des Kronrates und überzeugter Verfechter eines Verhandlungsfriedens hatte es La Trémoïlle geschickt verstanden, den leicht beeinflußbaren König immer mehr für die Taktik der »Tauben« zu gewinnen. Langsam, aber sicher war es ihm gelungen, die bisher begünstigten »Falken« in den Hintergrund zu drängen und die Stellung der Feldherrn Dunois und d'Alençon zu untergraben.

An einem kühlen, nebligen Herbsttag saßen Charles und La Trémoïlle am offenen Kaminfeuer in der großen Halle von Schloß Sully und besprachen unter vier Augen die Politik der kommenden Monate. La Trémoïlle strich die Vorzüge des Waffenstillstandes mit Burgund heraus, der ungleich bessere Aussichten auf Erfolg verspreche als weitere blutige Gefechte.

»Denkt nur an Paris«, argumentierte er, »ein völlig sinnloses Unternehmen, das uns außer vielen Toten nichts gebracht hat. Wenn Ihr statt auf d'Alençon, Dunois und die Jungfrau auf mich gehört hättet, wäre diese Schlappe zu vermeiden gewesen.«

Charles wurde nicht gerne an das unrühmliche Ende seines Krönungszuges erinnert. »Aber der Anfang war vielversprechend«, sagte er ausweichend, »und das verdanken wir doch in erster Linie der Jungfrau. Ohne sie wäre ich jetzt nicht gekrönt. Ihr vergeßt, daß ihre militärischen Erfolge bahnbrechend waren, Orléans, Patay...«

»Schon gut«, lenkte La Trémoïlle ein, »die Siegeswelle kam auch mir nicht ungelegen. Schließlich läßt es sich aus einer Position der Stärke besser verhandeln. Meine Bemühungen beim Herzog von Burgund liefen auf diese Weise gut an.«

»Dennoch haben sie uns die Tore von Paris nicht geöffnet«, warf Charles ein.

»Weil Eure hitzköpfigen Feldherrn die feingesponnenen Fäden meiner Verhandlungskunst durchkreuzt haben!« behauptete der Großmarschall. »Diplomatie braucht Zeit und Geduld, wenn sie zum Ziel führen soll. Und mein Ziel ist, den Krieg auf dem Verhandlungsweg und nicht auf dem Schlachtfeld zu entscheiden. Der erste Schritt dazu ist eine Verständigung mit Philipp. Steht Burgund auf unserer Seite, wird es ein leichtes sein, die Engländer aus dem Land zu jagen. Gebt mir freie Hand. Ich werde Euch beweisen, was ich kann.«

Charles ließ sich von seinem Ratgeber leicht überzeugen. Er lehnte sich behaglich in seine Kissen zurück und genoß den köstlichen Wein aus La Trémoïlles Keller. Er hatte genug gekämpft und freute sich darauf, nach den Anstrengungen dieses Sommers gemeinsam mit seiner Gattin einen ruhigen Winter zu verbringen.

»Es ist mir recht, wenn Ihr die Verhandlungen weiterführt«, fuhr er fort. »Der Zeitpunkt dazu ist günstig. Während des Winters sind wegen der schlechten Witterung sowieso keine Waffengänge zu erwarten.« Charles räusperte sich und lenkte das Gespräch vorsichtig auf ein Thema, das ihn schon seit einiger Zeit beschäftigte: »Aber was fangen wir solange mit Jeanne an, die unaufhörlich zum Kampf drängt? Wir können sie doch nicht einfach nach Hause schicken. Gibt es eine Möglichkeit, sie anders als auf dem Schlachtfeld zu beschäftigen?«

»Ich persönlich mag die Jungfrau nicht und habe ihr Kriegsgeschrei schon lange satt. Von mir aus könnte sie schon morgen zu ihren Schafen und zu ihrem Spinnrad zurückkehren«, antwortete der Großmarschall achselzuckend. »Sie ist anmaßend und glaubt stets, alles besser zu wissen, obwohl sie von meinem diplomatischen Wirken keine blanke Ahnung hat. Der Erfolg ist ihr in den Kopf gestiegen.«

Er schwieg und fuhr nach einigem Nachdenken fort: »Aber da sie nun einmal da ist, müßte sie uns nützliche Dienste erweisen können. Das Ansehen, das Jeanne im Volk genießt, ist beneidenswert groß.«

»Fast größer als meines«, bemerkte Charles eifersüchtig.

La Trémoïlle widersprach nicht, sondern schürte das Feuer: »Gottesdienste werden zu ihren Ehren abgehalten, ihre Taten auf Bildern und Wandteppichen verherrlicht und in schwärmerischen Liedern besungen. Die Leute sehen in ihr die Retterin Frankreichs und verehren sie wie eine Heilige, die Wunder vollbracht hat.« Berechnend fuhr er fort: »Es wäre jedoch töricht, Jeannes außergewöhnliche Beliebtheit beim Volk nicht auszunutzen. Sie könnte beispielsweise in der königlichen Kanzlei mithelfen, die Botschaften an Eure Untertanen zu formulieren. Schreiben kann sie nicht, das werden die Kanzlisten besorgen, aber mit ihren einfachen Worten wird sie den richtigen Ton treffen und beim Volk offene Ohren für Eure Pläne finden.«

»Noch besser wären offene Hände«, meinte der König ärgerlich. »Der Krieg ist ja noch nicht zu Ende. Zwar bin ich dem Herzog von Burgund entgegengekommen. Für den Waffenstillstand erhielt er immerhin die Länder zwischen Paris und Flandern. Aber ich traue ihm nicht. Noch weniger seinem Kanzler Rolin ...«

»Dem bin ich gewachsen«, versicherte der Großmarschall.

»Trotzdem, lieber La Trémoïlle, können die Verhandlungen noch scheitern. Wir müssen uns vorsehen und gegen unsere Feinde gerüstet sein.«

»Richtig, und dazu braucht es enorme Geldsummen, kampfbereite, gewappnete Söldner, Waffen, Munition und Lebensmittel. Bei deren Beschaffung kann uns Jeanne behilflich sein. Laßt mich nur machen!«

Mit einem Zug leerte er seinen Becher, erhob sich schwerfällig und rief: »Nun aber genug von Politik! Gönnen wir uns vor dem Nachtmahl einen Ausritt durch meine Ländereien.«

Im Archiv der Stadt Riom ist noch heute ein Brief erhalten, den Jeanne im Auftrag der königlichen Kanzlei in Sully diktiert hatte. Sie warb darin, wie geheißen, um finanzielle und materielle Hilfe für die Kriegszüge des Königs. Botschaften dieser Art wurden damals oft an das Volk oder an einzelne Städte gerichtet. Sie dienten dazu, die wichtigsten Neuigkeiten zu verbreiten, die Untertanen über die königliche Politik zu informieren und ihre unentbehrliche Unterstützung dafür einzuholen.

Das Bemerkenswerteste an Jeannes Brief vom 9. November 1429 ist jedoch nicht der Inhalt, sondern die Unterschrift: Jeanne hatte ihren Namen mit eigener Hand in schiefen, ungelenken Buchstaben unter den Text gesetzt. Sie hatte also bei Hof ein wenig Schreiben gelernt, zumindest ihren Namen: »Jehanne«.

Nach einigen Wochen verließ Charles mit seinem Gefolge Schloß Sully und begab sich nach Bourges, wo die Königin Marie schon lange auf die Rückkehr ihres Gemahls wartete. La Trémoïlle hätte zwar den König gerne länger zu Gast behalten, aber ihn samt seinem Hofstaat weiter zu bewirten, überstieg die Möglichkeiten seines Vermögens und Besitzes. Nicht einmal größere und reichere Orte wie Loches oder Chinon konnten den Hof länger als einige

Wochen beherbergen, ohne buchstäblich leergegessen zu werden. Deshalb war der König gezwungen, seine Residenz häufig zu wechseln.

In Bourges herrschte große Aufregung, als man hörte, daß das gottgesandte, wundertätige Mädchen, die Befreierin von Orléans, im Gefolge des Königs in ihre Stadt gekommen sei und bei einer Hofdame der Königin logiere. Das Stadtgespräch drehte sich nur noch um Jeanne und ihren Ruhm. Bald waren Phantasie und Wirklichkeit unlösbar ineinander verwoben, schwärmerische Vorstellungen über Jeannes Wunderkraft setzten sich in Umlauf.

Man glaubte, die Jungfrau besitze übernatürliche Kräfte und könne mit ihren Fingerringen Kranke heilen, sie habe sogar ein totes Kind wieder zum Leben erweckt. Viele behaupteten auch, die Jungfrau fürchte sich vor keiner Gefahr, weil sie unverwundbar sei.

Wenn Jeanne solche Gerüchte zu Ohren kamen, schüttelte sie den Kopf und versicherte, daß sie keine Wunder vollbringen könne. »Seht ihr denn nicht, daß es Gott ist, der Frankreich geholfen hat? Ich, Jeanne, bin nur Sein bescheidenes Werkzeug. Ich habe getan, was Er mir befohlen hat«, erklärte sie schlicht.

Und als eine Frau ihr schließlich ein Gebetstäfelchen und Bilder zum Berühren brachte, damit diese Wunderkraft bekämen, lachte sie und sagte: »Berührt sie selbst! Eure Finger haben genau dieselbe Kraft wie die meinen.«

Jeanne wollte auf keinen Fall als Heilige verehrt werden und versuchte, so gut es ging, den Kult um ihre Person zu verhindern. Doch feinfühlig, wie sie war, spürte sie, daß das Volk sie aufrichtig liebte, daß es ihren Glauben und ihre Liebe zum König und zu Frankreich in sich aufgenommen hatte und weitertrug. Die Zuneigung beruhte auf Gegenseitigkeit, denn Jeanne verstand und liebte das einfache Volk, dem sie selbst entstammte, und ihr Wirken kam seinen innersten Gefühlen und Erwartungen entgegen. Ihr brennender Wille hatte sich auf wunderbare Weise mit der Sehnsucht ihrer Landsleute nach Freiheit verbunden.

Im Dezember 1429 wurden Jeanne und ihre Angehörigen in den Adelsstand erhoben, »zum Dank für die zahlreichen und herrlichen Wohltaten Gottes und für die lobenswerten und nützlichen Dienste, die Jeanne Uns und dem Königreich erwiesen hatte«, wie es in der königlichen Urkunde hieß. Die Familie erhielt den vererblichen Zunamen »Lys«*, der von ihren Brüdern und deren Nachkommen bis ins 17. Jahrhundert geführt wurde. Das eigens für Jeanne geschaffene Wappen zeigt auf einem blauen Schild ein mit Kreuzen verziertes Schwert, links und rechts davon zwei »fleurs de lys« und darüber eine goldene Krone, als anerkennende Bestätigung der großen Verdienste, die sich Jeanne um Krone und Krönung erworben hatte.

Die hohe Auszeichnung, wie sie auch andere Ritter erhielten, die durch hervorragende Leistungen die Gunst des Königs erlangt hatten, konnte Jeanne nicht darüber hinwegtäuschen, daß sie am Königshof nicht mehr erwünscht war.

In Sully, wo der Hof zu Beginn des Jahres 1430 wieder weilte, fühlte sie sich besonders einsam und verlassen.

›Was soll ich nur mit meinem Adelstitel und dem Wappen?‹ fragte sie sich traurig, als sie an einem langen, dunklen Winterabend in ihrem kalten Gemach von Schloß Sully saß. ›Darüber freuen sich höchstens meine Eltern und meine Brüder. Mir bedeutet das alles gar nichts, ebensowe-

* Lys: Lilie, Symbol der französischen Könige

nig wie die kostbaren fürstlichen Gewänder, die man mir geschenkt hat. Das alles sind doch nur Äußerlichkeiten!‹

Jeanne empfand das Leben bei Hof als leer, verlogen und langweilig. Sie hielt den Dienst im Gefolge des Königs, das Umherziehen von Ort zu Ort und das Schreiben von Briefen in der königlichen Kanzlei kaum mehr aus. Sie litt unsäglich, daß sie hier ihre Zeit tatenlos absitzen mußte, daß niemand sich um sie kümmerte, daß keiner sie brauchte. Tag für Tag kreisten ihre Gedanken nur um die Errettung Frankreichs und die Vertreibung der Engländer. Das, und nur das, war ihr wichtig; doch nirgends fand sie Gehör.

Unruhig lief Jeanne in ihrem Gemach auf und ab. »La Trémoïlle und der ganze königliche Rat sind mir feindlich gesinnt, sie behandeln mich wie Luft!« rief sie unglücklich. »Auch Charles ist meiner überdrüssig. Wenn ich ihm begegne, weicht er mir aus.«

Vorbei waren die Tage zu Pferd mitten unter den Soldaten, die sie liebten. Vorbei war die Zeit des gemeinsamen Kämpfens mit guten Kameraden, die ihr willig überallhin folgten. Jean de Metz, Dunois, d'Alençon, La Hire . . . Wie sehr vermißte sie ihre Freunde. Sie wußte nicht einmal, wo sie jetzt waren.

In einer schlaflosen Winternacht überlegte Jeanne sogar, ob sie nicht den Königshof verlassen und zu ihren Eltern nach Domremy zurückkehren sollte. Aber gab es für sie überhaupt noch einen Weg zurück? Konnte sie sich noch in die Gemeinschaft der Familie und des Dorfes einfügen, nach allem, was sie im Lauf des vergangenen Jahres erlebt und erreicht hatte? Nein. Es gab für Jeanne nichts anderes als auszuharren und den von Gott erhaltenen Auftrag zu Ende zu führen. Noch immer standen ja die feindlichen Truppen mitten in Frankreich.

So klammerte sich Jeanne an die Hoffnung, daß mit dem Frühling auch die Zeit für neue Waffengänge kommen werde. Hatte nicht kürzlich La Trémoïlle von Unruhen im Gebiet von Compiègne gesprochen? Sehnsüchtig blickte Jeanne zu ihrer geliebten Standarte, die in einer Ecke des Zimmers lehnte. Wie gerne wäre sie auf der Stelle damit losgestürmt.

Der Herzog von Burgund war außer sich. Er hielt eine Meldung in der Hand, die ihn maßlos empörte.

»Compiègne und seine Nachbarstädte wagen es, sich gegen mich und meine Herrschaft aufzulehnen?« schrie er. »Compiègne will französisch bleiben und nur Charles als Lehensherrn anerkennen? Die wehrfähigen Männer der Stadt sind bereit, dafür sich selbst und ihre Frauen und Kinder zu opfern? Das ist ein Skandal.«

Er ließ sofort seine Ratgeber kommen, um mit ihnen Vergeltungsmaßnahmen zu beschließen.

Als die Herren wenig später sein Arbeitskabinett betraten, sahen sie gleich, daß die Haare von Philipps dichten Augenbrauen aufgestellt waren wie Schneckenhörner. Sie kannten dieses Signal, das sich immer zeigte, wenn der Herzog sehr wütend war. Kaum hatten sie den Grund seines Zorns erfahren, ereiferten sie sich ebenfalls.

»Vertragsbruch, Verrat, Rache, Belagerung, Gewalt!« kam es hitzig von allen Seiten.

Der Kanzler Rolin bewahrte als einziger Ruhe. »Besagtes Gebiet ist rechtmäßig in burgundischen Besitz gelangt«, sprach er gelassen. »Compiègne als wichtiges Verbindungsstück zwischen Flandern und Paris müssen wir unbedingt halten. Wir werden den trotzigen Ungehorsam bestrafen, um zu beweisen, daß Recht und Stärke auf unserer Seite sind.«

»Gut«, stimmte ihm der Herzog bei, »eine Belagerung mit englischer Hilfe wird die aufständische Stadt schon in die Knie zwingen. Ich will mein Hauptquartier in die Nähe von Compiègne verlegen und die Kampfhandlungen persönlich überwachen.«

Jeanne fühlte sich wieder in ihrem Element. Endlich waren die langen winterlichen Monate des müßigen Herumsitzens und Wartens vorüber. Voller Tatendrang schwang sie sich in den Sattel und machte sich an der Spitze einer Söldnerschar auf nach Norden, um der eingeschlossenen Stadt Compiègne zu Hilfe zu eilen.

Während sie in wildem Galopp vorwärtsstürmte, schweiften ihre Gedanken zurück. ›Ein Jahr ist es her, seit ich von Vaucouleurs aufgebrochen bin, um eine andere belagerte Stadt zu befreien‹, ging es ihr durch den Kopf. ›Wird wohl die Befreiung von Compiègne auch zu einem Wendepunkt für mich und für Frankreich werden, wie Orléans?‹

Unwillkürlich zog sie die Zügel an. Jäh durchzuckte sie die von ihren Stimmen erhaltene Gewißheit: »Ich werde ein Jahr dauern, mehr nicht!«

War diese Frist jetzt um?

War vielleicht der Mißerfolg von Paris schon ein Vorzeichen für ihr baldiges Ende? Bedeutete es nicht auch Unheil, daß die Klinge ihres Schwertes, das sie einst aus der Kirche der heiligen Katharina hatte holen lassen, zerbrochen war und kein Waffenschmied sie mehr zu reparieren vermochte? Welches Schicksal erwartete sie? Lauerten jetzt schon Verrat und Tod?

Beklommen starrte Jeanne in die Ferne. Die erblühende Frühlingslandschaft und die Umrisse der sie rasch überholenden Gefährten verschwammen vor ihren Augen. Angst vor der dunklen Zukunft beschlich sie und drohte sie in bodenlose Tiefen zu ziehen.

»Nein!« rief sie plötzlich laut. »Ich darf und will nicht verzagen. Ich bin in Gottes Hand, was auch immer kommen mag. Er wird mich nicht im Stich lassen.«

Jeanne reckte sich auf und hatte sich selbst und das Pferd wieder in der Gewalt. Zuversichtlich gab sie dem Tier die Sporen, um ihre Kameraden wieder einzuholen. Diese hatten nichts von Jeannes Schwäche bemerkt.

In der Osterwoche wurden die Truppen, noch bevor sie Compiègne erreicht hatten, bei Melun in ein Scharmützel mit englischen Söldnern verwickelt. Als Jeanne auf den Schutzwällen stand und mit erhobener Fahne ins Gefecht stürzen wollte, vernahm sie leise die Stimmen der heiligen Katharina und der heiligen Margaretha: »Du wirst noch vor dem Johannistag* gefangen werden. Entsetze dich nicht darüber, sondern nimm es hin. Gott wird dir helfen.«

Jeanne erschrak. Sie wurde aschfahl, ihre Knie wankten, die Fahne entglitt ihrer Hand.

›Meine düstere Ahnung hat mich nicht getäuscht. Meine Zeit ist um. Doch welches Los wird mich treffen?‹ fragte sie sich bang. ›Weh mir, wenn ich in die Hand der Engländer falle! Grausam werden sie sich an mir für die erlittenen Niederlagen rächen.‹

Jeanne faltete die Hände, blickte zum Himmel und bat: »Meine Schutzengel, bitte laßt mich, wenn ich gefangen werde, gleich sterben, ohne lange Qual der Gefangenschaft.«

»Du sollst alles hinnehmen, es muß so geschehen«, antworteten die Stimmen.

»Nennt ihr mir die Stunde meiner Gefangennahme?«

Die Stimmen schwiegen.

Ohne von den Feinden bemerkt zu werden, gelangten Jeanne und ihr Trupp im Schutz der Dunkelheit in die belagerte Stadt Compiègne, wo sie freudig begrüßt wurden.

Einige Tage später, am 23. Mai 1430, wagte Jeanne mit einigen Soldaten einen Ausfall, um die gegnerischen Stellungen zu erkunden. Als sie schon auf dem Rückweg waren, wurden sie aus einem Hinterhalt angegriffen und sahen sich unvermittelt von einer feindlichen Übermacht umzingelt. Kämpfend zogen sie sich gegen die Stadt zurück. Einem Teil der Truppen gelang es, sich hinter die schützende Stadt-

* Johannistag: 24. Juni

Jeannes Gefangennahme vor Compiègne. Ein Burgunder faßt die Jungfrau vor dem Stadttor an der Schulter und zieht sie vom Pferd. (Miniatur, 1484)

mauer in Sicherheit zu bringen. Zusammen mit der Nachhut deckte Jeanne den gefährlichen Rückzug. Nur noch wenige Lanzenlängen trennten sie vom Stadttor, als ein rasselndes Geräusch das Geklirr der Schwerter übertönte. Die rettende Zugbrücke wurde vor ihren Augen hochgezogen, um den immer näher herandrängenden Feind abzuwehren. Jeanne und ihre Gefährten waren ausgeschlossen – und verloren.

Ein Gefolgsmann des Herzogs von Burgund erkannte die Jungfrau an ihrem weißen Feldzeichen, drang auf sie ein, verstellte ihr den Weg und riß sie am Mantel vom Pferd.

Sie war gefangen.

Ich gäbe lieber meine Seele Gott zurück, als in den Händen der Engländer zu sein

Das Ereignis des Tages flog im burgundischen Lager von Mund zu Mund: »Die Pucelle ist in unserer Hand! Heute haben ihre Hexenkünste versagt.«

Mit Jubel und Ausgelassenheit wurde dieser außerordentliche Glücksfall gefeiert, denn ihr Fang war mehr wert als 500 Gefangene zusammen. Kein Feldherr war so gefürchtet wie sie.

Als der Herzog von Burgund in seinem nahegelegenen Feldlager die sensationelle Nachricht erhielt, bekreuzigte er sich erst einmal und dankte Gott für die große Gnade, daß die Jungfrau endlich gefangengenommen sei. Er wollte sich die Gelegenheit nicht entgehen lassen, die kostbare Beute gleich am Abend persönlich in Augenschein zu nehmen. So ließ er sich das Mädchen in sein fürstliches Zelt bringen, um seinen Triumph voll auszukosten.

Als sie vor ihm stand, maß er sie mit spöttischer Miene von oben bis unten und überschüttete sie mit Schmähungen. Furchtlos hielt Jeanne seinem verächtlichen Blick stand, schweigend ließ sie seinen Hohn über sich ergehen. Hatten ihr nicht die Stimmen versprochen, Gott werde ihr auch in der Not der Gefangenschaft helfen?

Merkwürdigerweise hat der burgundische Chronist die Worte, die der große Herzog an seine berühmte Gefangene richtete, nicht überliefert, obwohl er Zeuge dieser interessanten Begegnung war. Er berichtet jedoch, daß der Herzog die aufsehenerregende Nachricht von der Gefangennahme unverzüglich weiterverbreiten ließ. In den Schreiben an seine Untertanen gab Philipp auch mit unverhohlener Genugtuung bekannt, daß das angeblich gottgesandte Mädchen, das sich nun hilflos und ohnmächtig in seiner Hand befinde, ein ideales Druckmittel sei, um König Charles'

Ehre empfindlich zu verletzen und diejenigen bloßzustellen, die leichtgläubig auf Jeannes Wundertaten hereingefallen waren.

Überbordende Schadenfreude herrschte nicht nur im burgundischen Lager, sondern auch auf der Seite der Engländer. Endlich war die seit Orléans abergläubisch gefürchtete »Hexe« hinter Schloß und Riegel. Jetzt mußte sich das Kriegsglück wieder wenden!

Einstimmig beschloß der königliche Rat, alles daran zu setzen, um Jeanne von den Burgundern auszulösen und in englische Gewalt zu bringen. Dann konnte man Rache nehmen für die schmachvollen Niederlagen, die dieses Teufelsweib den sieggewohnten englischen Truppen beigebracht hatte. Mit unbarmherziger Härte wollte man durchgreifen, Jeanne als Hexe entlarven, ihren Zauberbann endgültig brechen und sie für immer zum Schweigen bringen. Wie der Herzog von Burgund folgerte auch der englische Rat, daß mit Jeannes Verschwinden Charles' Ansehen in nichts zusammensinken müsse. Wer würde in Frankreich schon einem derart blamierten König anhängen, der seine Krönung einer »Hexe« verdankte?

Sofort wurden Boten zu Philipp von Burgund gesandt, um die Bedingungen für Jeannes Auslieferung auszuhandeln.

Beim Herzog von Burgund traf wenige Tage nach Jeannes Gefangennahme ein zweites gewichtiges Gesuch um Auslieferung der Jungfrau ein. Es stammte von der hochberühmten Universität Paris, die in der gesamten christlichen Welt den unbestrittenen Ruf genoß, oberste Autorität in allen Fragen der Religion zu sein. Daß die Universität seit der englischen Machtergreifung in Paris unterwürfig den englischen Rechtsanspruch auf die französische Krone verteidigte, hatte ihr Ansehen keineswegs geschmälert. In ihrem Schreiben vom 26. Mai vertrat jetzt die Universität den Standpunkt, Jeanne habe sich der Ketzerei äußerst verdächtig gemacht und sich zu Unrecht als Gesandte Gottes ausgegeben. Deshalb müsse sie so bald wie möglich vor einem kirchlichen Gericht zur Verantwortung gezogen werden. Zwischen den Zeilen des Briefes war angedeutet, daß das Urteil auf jeden Fall zuungunsten Jeannes auszufallen habe.

Philipp überstürzte nichts. Er ließ sich weder von seinen englischen Verbündeten, noch von der hochgeachteten Pariser Universität unter Druck setzen. Er hatte Zeit, abzuwarten, wer schließlich den höchsten Preis für Jeannes Kopf bieten würde, denn auch von Charles' Seite war noch mit einem Angebot zu rechnen. Vorläufig wußte er das wertvolle Pfand im sicheren Gewahrsam seiner Getreuen.

Mit Trauer und Schmerz reagierte das französische Volk auf Jeannes Gefangennahme. In Orléans und in vielen anderen Städten und Dörfern des Landes liefen die Leute zusammen, um durch gemeinsame Gebete und Prozessionen die Befreiung ihrer geliebten Jeanne zu erwirken. Sie schrieben verzweifelte Bittschriften an König Charles und flehten ihn an, alles in seiner Macht Stehende zu tun, um die vom Himmel gesandte Retterin zu befreien.

Und Charles?

Er tat nichts. Er rührte keinen Finger für Jeanne, der er so viel zu verdanken hatte. Er machte nicht die geringsten Anstalten, sie gegen hohe englische Gefangene auszutauschen, die, wie Talbot, in seiner Gewalt waren. Weder bot er Philipp ein Lösegeld an, noch unternahm er den Versuch, Jeanne mit Waffen gewaltsam zu befreien. Er schwieg sie tot. Ihr Name verschwand für viele Jahre von seinen Lippen, die Jungfrau durfte in seiner Gegenwart nicht einmal mehr erwähnt werden.

Außerhalb seiner Hörweite wurde jedoch lebhaft über Jeanne und den König getuschelt. Böse Zungen behaupteten, daß Charles schon seit langem auf Jeannes Beliebtheit und Kriegsglück neidisch gewesen und jetzt vielleicht sogar froh sei, sie los zu sein. Vielen war klar, daß den Feinden sowieso kein Lösegeld hoch genug für Jeanne sein könne. Andere glaubten, Charles sei an einem Urteil der Kirche über Jeanne genauso interessiert wie die Engländer, denn selbstverständlich rechneten die Franzosen mit ihrem Freispruch: Dann müßte Charles' Krönung auch in den Augen seiner Feinde als rechtmäßig anerkannt werden.

Was auch immer Charles' Beweggründe gewesen sein mochten, seine Haltung Jeanne gegenüber blieb undurchsichtig, und die Hilferufe seines Volkes verhallten ungehört.

Nach ihrer Festnahme wurde Jeanne vorerst auf Schloß Beaulieu nördlich von Compiègne gefangengehalten.

Jeanne merkte schnell, daß ihre Bewachung nicht sehr streng gehandhabt wurde. Hin und wieder gestattete man ihr sogar, ihren Gefängnisraum zu verlassen und in Begleitung zweier Wachsoldaten in den Schloßhof hinauszugehen.

Schon schöpfte Jeanne Hoffnung und dachte Tag und Nacht nur noch an Flucht. Unruhig, wie ein gefangenes Tier im Käfig, ging sie in dem ihr zugewiesenen Raum auf und ab. Sie schmiedete Fluchtplan auf Fluchtplan, verwarf aber einen nach dem anderen wieder als untauglich. Immer wieder trat sie ans Fenster und spähte suchend in die weite Landschaft hinaus.

›Vielleicht kommt plötzlich mein treuer Dunois oder der draufgängerische La Hire, um das Schloß zu stürmen und mich herauszuschlagen‹, hoffte und wünschte sie, ›sie haben mich bestimmt nicht vergessen.‹

Sie wußte nicht, daß La Hire selbst in Gefangenschaft geraten war und Dunois weit von ihr auf anderen Kriegsschauplätzen die Befreiung Frankreichs vorantrieb.

Eines Tages hörte sie ungewöhnliche Geräusche von draußen in ihr Gemach dringen. Sie eilte ans Fenster und sah, daß unten im Schloßhof reger Betrieb herrschte. Bauleute trugen lange Holzbalken aus dem Schloß und schichteten sie auf einen abfahrbereiten Pferdekarren.

›Das ist meine Chance!‹ überlegte Jeanne blitzschnell. ›Wenn es mir gelingt, an den Wachen vorbeizukommen, verstecke ich mich auf dem Wagen zwischen den Brettern und warte auf seine Abfahrt. Auf freiem Feld springe ich vom Karren und schlage mich nach Compiègne durch.‹

Gedacht, getan.

Jeanne hatte bei ihren früheren Ausgängen genau beobachtet, daß der Schlüssel zur Wachstube an der Außenseite der Türe steckte. Darauf baute sie jetzt ihren Fluchtplan. Leise schlich sie aus ihrem Gemach, stieg sachte Stufe für Stufe die Treppe ins Erdgeschoß hinunter, spähte durch den langen Gang und pirschte sich auf den Zehenspitzen zur Türe der Wachstube. Schon hörte sie die Stimmen der Wächter. Langsam streckte sie die Hand nach dem Schlüssel aus und wollte ihn eben umdrehen, um die Wachen einzuschließen. Da wurde sie vom Pförtner, der ihr Tun bemerkt hatte, hart angefaßt.

»Meinst du, ich hätte dich nicht gesehen?« rief er. »So leicht entkommst du nicht!«

Er packte Jeanne und zerrte die Ertappte zum Schloßherrn.

›Es hat Gott nicht gefallen, daß ich dieses Mal entkomme‹, dachte Jeanne, ›das nächste Mal muß es gelingen, ich gebe nicht auf.‹

Jeannes Fluchtversuch war Philipp von Burgund zu Ohren gekommen und trug dem Schloßherrn von Beaulieu eine schwere Rüge wegen seiner Nachlässigkeit ein. Während sich die Verhandlungen über ihre Auslieferung zwischen den Engländern und dem Herzog zäh in die Länge zogen, wurde Jeanne einem Vetter Philipps zur schärferen Bewachung übergeben. Dieser brachte sie auf seine abgelegene Festung Beaurevoir im nördlichen Burgund, wo sie in einem hochgelegenen Turmzimmer gefangengehalten wurde.

Die Schloßherrin und deren Tante nahmen sich jedoch der Gefangenen freundlich an, besuchten sie öfter in ihrem

Turm und schenkten Jeanne ihre Sympathie. Einzig über die so anstößigen Männerkleider entsetzten sich die Damen.

»Sei doch vernünftig, Jeanne«, mahnten sie, »ein Mädchen darf nicht Männerkleider tragen. Du weißt doch sicher, daß es die Bibel ausdrücklich verbietet. Ein Weib soll nicht Männertracht tragen, und ein Mann soll nicht Frauenkleider anziehen, denn ein Greuel ist dem Herrn, deinem Gott, ein jeder, der solches tut, sagt die Heilige Schrift.«

»Ich trage aber diese Kleider auf Gottes Befehl; ohne Seine Erlaubnis werde ich sie nicht ablegen«, antwortete Jeanne ehrlich.

»Such dir aus unserer Garderobe etwas, das dir gefällt«, versuchten die Damen Jeanne zu überreden, und als sie das abweisende Gesicht des Mädchens sahen, schlugen sie ihm vor, sich einen Stoff nach seiner Wahl auszusuchen.

»Du kannst dir daraus nach deinem Geschmack ein langes Kleid machen lassen«, sagte die Ältere warmherzig. »Glaube uns, wir meinen es gut mit dir und wollen dein Bestes. Wir haben sogar beim Schloßherrn ein gutes Wort für dich eingelegt, damit du nicht an die Engländer ausgeliefert wirst.«

»Ich weiß, daß ihr gut zu mir seid«, antwortete Jeanne leise, »trotzdem kann ich die Männerkleider nicht ablegen, Gott erlaubt es noch nicht.«

Sie verschwieg den mitleidigen Damen, daß sie tagtäglich auf Flucht sann und daß diese nur in Männerkleidern gelingen konnte. Sie durfte sich auf keinen Fall von ihnen trennen, wenn sie Gottes Auftrag erfüllen und den Kampf gegen die Engländer wieder aufnehmen wollte.

Ihre Hoffnung, die Freiheit wiederzuerlangen, war außer der tröstenden Gegenwart ihrer Stimmen der einzige Lichtblick in den trüben Wochen der Gefangenschaft. Mit ihren heiligen Ratgebern betete sie jeden Tag für die Bedrängten von Compiègne, denn es war bis zu ihr ins Gefängnis gedrungen, daß die Burgunder die Stadtbewohner mit Feuer und Schwert ausrotten wollten. Noch war es nicht so weit, daß der Herzog von Burgund wegen des zähen Widerstandes der königstreuen Stadt die Belagerung unverrichteter Dinge abbrechen mußte.

Vier Monate wurde Jeanne schon im Turm von Beaurevoir gefangengehalten, noch immer im Ungewissen, was mit ihr geschehen solle, auf Rettung hoffend und gleichzeitig das Schlimmste, nämlich die Auslieferung an die Engländer befürchtend. Der Sommer war vorübergegangen, ohne daß Jeanne hinter den dicken Mauern seine Wärme gespürt hätte. Schon wurden die Nächte länger und kälter. Langsam und eintönig verstrichen die Tage, die Besuche ihrer Wohltäterinnen waren ihr gleichgültig geworden, denn sie dachte ununterbrochen nur an das eine: ihre Befreiung.

Da erfuhr Jeanne in der Frühe eines Herbstmorgens von ihrer Wache, daß ein englischer Trupp auf das Schloß zumarschiere. Der Schreck verschlug ihr beinahe den Atem, alles Blut wich aus ihrem Gesicht, entsetzliche Angst erfaßte sie. Sie wußte sofort, daß die Engländer nur ihretwegen kamen.

›Fort! Nur nicht in englische Gewalt geraten, sonst bin ich verloren‹, hämmerte es in ihrem Hirn, ›fort noch in diesem Augenblick, sonst ist es zu spät.‹

Verzweifelt rüttelte sie an der Türe ihres Zimmers, vergeblich, diese war wie immer fest verriegelt. Von Furcht gejagt hetzte sie ans Fenster und blickte in die schwindelnde Tiefe.

»Spring nicht«, verboten die Stimmen der Heiligen dicht neben ihrem Ohr, »spring nicht!«

Verstört taumelte Jeanne zurück. Doch die Angst vor den herannahenden Engländern war so groß, daß sie die Warnung der Stimmen mißachtete. Schon stand sie auf der Brüstung.

»Gott im Himmel und heilige Jungfrau Maria, steht mir bei!« stieß sie hervor und sprang – sprang in die Tiefe.

»Sie ist tot!« riefen die herbeieilenden Wachen, nachdem sie den Aufschlag gehört hatten.

Jeanne lag regungslos auf dem Pflaster. Die Schloßherrin wurde eilends geholt.

»Sie atmet noch, sie ist nur bewußtlos«, sagte diese, als sie sich besorgt über Jeanne beugte, »tragt sie behutsam hinauf auf ihr Lager!«

Kaum lag Jeanne im Turmzimmer auf Kissen gebettet, untersuchte die ältere der Damen das noch immer ohnmächtige Mädchen, aber abgesehen von einigen Schürfungen konnte sie keine Verletzung feststellen.

»Zweiundsechzig Fuß* hoch ist der Turm. Es ist kaum zu fassen, daß Jeanne den Sturz überlebt und sich nicht einmal etwas gebrochen hat«, sagte sie zu ihrer Nichte.

»Weshalb hat sie wohl den Sprung getan? Wollte sie fliehen oder sich töten?« fragte die junge Frau entsetzt. »Nein, das kann sie nicht gewollt haben, das wäre ja eine Todsünde!«

Erst nach Stunden erlangte Jeanne das Bewußtsein wieder. Sie fühlte sich wie zerschlagen und konnte sich nicht regen, bei der geringsten Bewegung durchzuckten stechende Schmerzen ihre Glieder. Auch zum Essen und Trinken war sie zu schwach. Stöhnend vor Schmerzen blieb sie auf ihrem Lager liegen.

Voll Reue bat sie Gott um Vergebung: »Gnädiger Vater im Himmel, verzeih mir, ich habe gesündigt. Ich habe Deinen warnenden Stimmen nicht gehorcht und mich in höchster Verzweiflung vom Turm gestürzt, aber ...«, Jeanne zögerte, »aber vergib mir, es war ja nicht nur die panische Angst vor den Engländern, die mich zum Sprung trieb, sondern es war auch die Hoffnung, mich zu retten und noch vielen guten Menschen, die mich so nötig haben, zu helfen.«

»Gott wird dir vergeben und dich genesen lassen, sei guten Mutes«, hörte sie die heilige Katharina beschwichtigend sprechen, »Gott wird auch Compiègne helfen. Du aber

* 62 Fuß: etwa 20 Meter

wirst nicht befreit werden, bevor du nicht den König der Engländer gesehen hast.«

»Aber ich möchte ihn gar nicht sehen«, erwiderte Jeanne beklommen, »lieber würde ich sterben, als in den Händen der Engländer sein.«

Die Erscheinung der heiligen Katharina verblaßte. Jeanne verstand, daß sie sich Gottes Willen fügen mußte.

Auf Betreiben der Pariser Universität einigten sich die Engländer nach monatelangem Feilschen mit Philipp von Burgund über den Verkauf Jeannes. Sie bezahlten ihm für die »Hexe« die ungeheure Summe von zehntausend Goldpfund, ebensoviel wie als Lösegeld für Gefangene aus königlichem Geschlecht üblich war. Der Herzog von Burgund war zufrieden mit dem guten Geschäft und erleichtert, daß er der Sorge um die unbequeme, aufrührerische Gefangene enthoben war. Den Engländern war Jeanne nicht zu teuer erkauft, sie hatten nun endlich freie Hand, um ihr heimzuzahlen, was sie ihnen durch ihr Hexenwerk angetan hatte.

Jeanne wurde nach Rouen in der Normandie gebracht, wo sie vor ein von den Engländern einberufenes kirchliches Gericht gestellt werden sollte. Die abgelegene Stadt, die seit mehr als zehn Jahren fest in englischem Besitz war, erschien sicherer für die Durchführung des geplanten Prozesses als das näher an Charles' Einflußbereich grenzende Paris.

Der Himmel war mit schweren grauen Wolken verhangen, der Sturm peitschte über die Wellen der Seine, eisige Dezemberkälte durchdrang Mark und Bein, als der Zug mit der Gefangenen nach tagelangem beschwerlichem Ritt in Rouen anlangte. Verschmutzt, bis auf die Haut durchnäßt und ganz durchfroren durchquerte der kleine Trupp die menschenleeren Straßen bis zum Gefängnis. Dieses lag unmittelbar neben dem großen, von mächtigen Rundtürmen flankierten Schloß, in dem seit kurzem König Heinrich residierte.

So kam es, daß während der folgenden Monate Jeanne

König Heinrich VI.
Das Siegel von 1430 zeigt ihn als König von England und von Frankreich, auf dem Wappen links die französischen Königslilien, rechts die englischen Leoparden.

und der junge Herrscher ganz nahe beieinander leben sollten, er in fürstlich ausgestatteten Räumen, sie eingekerkert im dunklen, trostlosen Schloßturm und für die Nacht mit Eisenketten an einen großen Holzklotz gefesselt, denn die englischen Soldaten, die sie zu bewachen hatten, hafteten mit ihrem Leben dafür, daß die Gefangene ja keinen weiteren Fluchtversuch unternähme.

Das schwere, eisenbeschlagene Gefängnistor fiel ins Schloß, Jeanne hörte, wie der Schlüssel umgedreht wurde. Kaum ein Lichtstrahl fiel in die düstere, kahle Zelle, es war bitterkalt, feucht, und es roch nach Moder.

Die Wachen stierten sie frech an und verhöhnten das

junge Mädchen mit gemeinen Reden. Jeanne verstand kein Englisch, aber die wüsten Gesichter, der spöttische Tonfall und die anzüglichen Gebärden verrieten genug. Jeanne wandte sich voll Abscheu von ihnen ab und verbarg ihr Gesicht zwischen den gefesselten Händen.

Obwohl sie sich ausgestoßen, gedemütigt und erniedrigt wie noch nie in ihrem Leben fühlte, klammerte sie sich mit letzter Kraft an die Hoffnung, Gott werde ihr helfen, ihre Ketten zu sprengen und zu entfliehen.

Erfüllt von diesem Glauben richtete sie sich auf und suchte hinter den dunklen Gestalten der Wächter die Umrisse der Türe zu erkennen.

»Die heilige Katharina hat mir versprochen, daß ich befreit werde«, flüsterte sie. »Eines Tages wird diese Türe offen und mein Weg frei sein. Hilf dir selbst, so hilft dir Gott!«

Macht vor Recht

»Das Mädchen, genannt Jeanne, das ihr hier seht, ist verschiedener Vergehen gegen den rechten Glauben angeklagt. König Heinrich hat sie Uns übergeben, um einen Prozeß gegen sie in Sachen des Glaubens anzustrengen. So haben Wir Jeanne heute zu erscheinen geladen.«

Mit diesen Worten eröffnete der Präsident des Gerichts, Seine Hochwürden Pierre Cauchon – Bischof von Beauvais, ehemaliger Rektor der Universität Paris, Doktor der Heiligen Theologie, Magister der Schönen Künste, Lizentiat des Kanonischen Rechts*, Ratgeber des allerchristlichsten Herrschers, des Königs von England, wie er mit vollem Titel hieß – am 21. Februar 1431 den Prozeß gegen Jeanne, die Jungfrau.

In der königlichen Kapelle des Schlosses von Rouen hatten sich unter seinem Vorsitz die Mitglieder des Gerichts versammelt: über hundert hervorragende, scharfsinnige englische und französische Juristen, hochgelehrte, berühmte Professoren der theologischen Fakultät der Universität Paris, ehrwürdige, weise Priester, angesehene Mönche und kundige Gerichtsschreiber zur Führung des Protokolls.

Dieser erdrückenden geistlichen Übermacht gegenüber stand Jeanne, das neunzehnjährige, weder in Recht noch in Redekunst geschulte Dorfmädchen, ganz allein, ohne Rechtsbeistand, nur auf Gott und sich selbst angewiesen.

»Jeanne! Nun leistet den Eid auf die Evangelien, daß Ihr alle Fragen, die Wir Euch stellen, wahrheitsgetreu beantworten wollt«, forderte Bischof Cauchon die Angeklagte auf.

Mehr als hundert Augenpaare richteten sich auf Jeanne,

* Kanonisches Recht: Kirchenrecht

Jeanne vor ihren Richtern.
Auf dem Sessel Cauchon, vor ihm Jeanne, dargestellt in Frauenkleidern, die sie zu tragen verweigerte.
(Initiale einer Prozeßhandschrift, Ende 15. Jahrhundert)

knisternde Spannung lag über dem Raum, als sie zu sprechen begann.

»Ich weiß nicht, worüber Ihr mich befragen wollt. Es gibt vielleicht Fragen, auf die ich nicht antworten werde«, erwiderte Jeanne vorsichtig.

»Ihr sollt schwören, die Wahrheit zu sagen auf Fragen, die den Glauben angehen«, wiederholte Cauchon ungeduldig.

»Ich schwöre, die Wahrheit zu sagen auf Fragen nach meiner Herkunft und nach allem, was ich tat, seit ich nach Frankreich* kam«, willigte Jeanne ein. »Was aber meine

* d. h. an den Königshof

göttlichen Offenbarungen angeht, so habe ich darüber nie gesprochen, noch sie irgend jemandem, außer Charles, meinem König, anvertraut. Und wollt Ihr mir den Kopf abschlagen, so werde ich nicht davon reden können, denn meine geheimen Ratgeber, meine Stimmen, haben es mir untersagt.«

Die gelehrten Herren schüttelten mißbilligend die Häupter. Das Mädchen schien ihnen frech und überheblich zu sein. Wie konnte es wagen, Vorbehalte anzubringen und die Aussage zu verweigern? Und obendrein einen so ungezogenen Ton anzuschlagen?

Cauchon jedoch führte unbeirrt das Verhör weiter und befragte die Angeklagte nach ihrer Herkunft, ihrer Familie und der ersten Wahrnehmung ihrer Stimmen.

»Als ich dreizehn Jahre alt war, hatte ich eine Stimme, die von Gott kam, um mich zu leiten«, begann Jeanne leise. »Das erstemal hatte ich große Furcht. Die Stimme kam zur Mittagsstunde; es war im Sommer, im Garten meines Vaters. Ich hatte den Tag zuvor gefastet. Ich habe die Stimme gehört mir zur Rechten, von der Seite der Kirche her. Die Stimme riet mir, mich gut zu führen, in die Kirche zu gehen und nicht zu sündigen. Später sagte sie mir, es sei notwendig, daß ich, Jeanne, nach Frankreich ginge. Ich konnte nicht mehr bleiben, wo ich war.«

Als sie von ihrem Aufbruch von zu Hause und ihrer ersten Begegnung mit dem verehrten Dauphin berichtete, wurde das Leuchten auf ihrem Gesicht immer strahlender. Sie vergaß gänzlich, wo sie war – Rouen, das Gericht und die Richter um sich her – und erlebte in ihrer Erzählung nochmals Gottes offenbarende Gegenwart, die ihrem Leben Sinn und Ziel gegeben hatte.

Nach ihren letzten Worten, die sie wie verklärt gesprochen hatte, erhob sich in der Kapelle ein großer Tumult. Die Richter sprangen wild gestikulierend von den Bänken auf.

»Unerhört! Welche Anmaßung. Gotteslästerung, Lügen! Sie beleidigt Gott und die Engel!« klang es aus dem Durcheinander empörter Stimmen.

Cauchon hob gebieterisch den Arm und forderte Ruhe. Der Wache gab er ein Zeichen, Jeanne in den Kerker abzuführen.

»Meine Herren Richter, vergessen Sie nicht, wo Sie sind!« tadelte er. »Sie sind Mitglieder eines erlauchten Inquisitionsgerichtes und haben als würdige Vertreter der katholischen Kirche die ehrenvolle Aufgabe, zu untersuchen, ob die Angeklagte gegen den rechten Glauben verstoßen hat. Ihre Aufregung und Ihr gerechter Zorn über das soeben Gehörte ist zwar begreiflich, aber ich verbitte mir derartige Ausbrüche in Zukunft ganz entschieden.« Ruhiger geworden fuhr er fort: »Wie Sie ja wissen, ist das Ziel des Inquisitionsprozesses, die Angeklagte zum Bekennen ihrer Schuld und zum Bereuen ihrer Vergehen zu bringen. Für einen reuigen Sünder wird die Kirche offene Arme haben, beharrt sie aber auf ihrem falschen Glauben und in ihrer Verstrickung mit dem Teufel, so erwartet sie als Ketzerin und Hexe der Tod durch Verbrennen bei lebendigem Leib.«

»Verbrannt wird sie in jedem Fall, ob das Gericht sie schuldig spricht oder nicht«, fiel ihm schroff ein hoher englischer Beamter ins Wort, der als Vertreter der englischen Krone im Saal anwesend war. »Hochwürden scheint sich nicht Rechenschaft zu geben, daß das kirchliche Gericht nur als Vorwand dient, diese Hexe unschädlich zu machen und gleichzeitig König Charles in Verruf zu bringen. Übersehen Sie gefälligst nicht, Herr Bischof, daß das Mädchen in Wirklichkeit eine Kriegsgefangene ist und somit voll und ganz in der Gewalt der Engländer steht. Für die Dauer des Prozesses überlassen wir Ihnen die Gefangene gerne, aber ich betone ausdrücklich, daß wir ihren Tod wollen und ihn auch erzwingen werden. Wir Engländer haben diesen Prozeß angestrebt, wir entlohnen die Richter. Wer zahlt, befiehlt!«

»Ich bin mir all dessen bewußt«, beschwichtigte Cauchon den Aufgebrachten ärgerlich, denn er hielt die laute Erklärung der englischen Absichten für einen groben Mangel an diplomatischem Geschick. »Aber der Prozeß soll nach den geltenden Regeln des Gesetzes korrekt durchgeführt werden. Erst muß die Angeklagte schuldig gesprochen werden und ihr Verschulden eingestehen, dann könnt Ihr meinetwegen mit ihr machen, was Ihr wollt.« Cauchon erhob sich und verließ stolz den Gerichtssaal.

Als Jeanne frühmorgens auf ihrer harten Pritsche erwachte, verspürte sie heftige Schmerzen am ganzen Körper. Sie wollte sich auf die Seite drehen, um ihre steifgewordenen Glieder zu lockern, doch die Fesseln waren so straff angezogen, daß sie sich kaum rühren konnte. Ihre Hand- und Fußgelenke waren bereits von den eisernen Ketten wundgescheuert und taten brennend weh.

»Es dämmert schon, bald werden sie mich holen und wieder stundenlang verhören«, seufzte sie, »gestern, heute, morgen, immer wieder dieselben aufreibenden, spitzfindigen Fragen.«

Mühsam versuchte sie sich aufzurichten und die starr gewordenen Hände zu falten.

»Heiliger Michael, heilige Katharina, heilige Margaretha, steht mir bei!« flehte sie. »Ratet mir, was ich antworten soll, wenn die Richter mich wieder zwingen wollen, über euch zu reden und ihnen meine göttlichen Offenbarungen zu enthüllen.«

Plötzlich sah sie helles Licht, das immer das Erscheinen der Heiligen begleitete, in die finstere Zelle dringen, und vernahm die vertraute, gütige Stimme: »Jeanne, Tochter Gottes, antworte kühn und mutig! Gott wird dir helfen.«

Durch diesen tröstlichen Zuspruch gestärkt, folgte Jeanne dem Mönch, der sie von ihrem Kerker zu einem weiteren Verhör in die Rüstkammer des Schlosses führte, in welcher die folgenden Verhöre durchgeführt wurden.

Bruder Martin, ein einfacher Dominikanermönch aus Rouen, war Jeanne wohlgesinnt. Obwohl er seine Sympathie nicht offen zeigen durfte, erwies er Jeanne eine zarte Aufmerksamkeit. Heimlich geleitete er sie zur kleinen Schloßkapelle, damit sie dort trotz des Verbots der Richter vor dem Christusbild beten und neue Kraft schöpfen konnte.

Im Gerichtssaal folgte abermals Frage auf Frage. »Jeanne, sagt uns, kommt Eure Stimme von Gott?« begann der heute mit dem Verhör beauftragte Richter.

»Ich glaube es so fest, wie ich an Christum glaube, die Stimme kommt von Gott«, beteuerte Jeanne in voller Gewißheit. »Aber ich sage Euch nicht alles, was ich weiß. Ich fürchte mehr, den Stimmen mit meinem Reden zu mißfallen als Euch mit meinem Schweigen.«

»Welches Zeichen habt Ihr erhalten, das beweist, daß Eure Offenbarung von Gott ist? Was beweist Euch, daß es die heilige Katharina und die heilige Margaretha sind, die zu Euch sprechen?« bohrte der Richter weiter.

»Ich habe Euch genug versichert, daß es die heilige Katharina und die heilige Margaretha sind. So wollt es mir doch glauben!«

Aber die Richter schenkten ihr keinen Glauben, denn nach ihrer festen Meinung konnte nicht Gott, sondern nur der Teufel zu Jeanne gesprochen haben.

»Ist es Gott, der Euch geboten hat, diese verwerflichen Männerkleider anzulegen?« wechselte der Vorsitzende unvermittelt das Thema.

»Das Gewand ist doch nebensächlich und hat mit dem Prozeß nichts zu tun«, versuchte Jeanne auszuweichen.

Doch der Richter maß der Kleiderfrage ganz entscheidendes Gewicht bei und ließ nicht locker: »Glaubtet Ihr recht zu tun und nicht zu sündigen, als Ihr Mannskleider angelegt habt? Ihr wißt, daß dies die Bibel verbietet und die Kirche bestraft.«

»Ich habe diese Kleider auf keines Menschen Rat angelegt. Alles, was ich auf der Welt getan habe, war auf Gottes Befehl getan. Wenn Er mir befehlen würde, mich anders zu kleiden, so täte ich es. Sobald ich das erfüllt habe, wofür ich von Gott gesandt bin, werde ich wieder Frauenkleider anlegen.«

Mit einem sehnsüchtigen Blick ins Freie fuhr sie fort:

»Und wäre ich jetzt noch in diesem Mannskleid auf der anderen Seite bei meinen tapferen Kriegsgefährten, und könnte ich darin fortführen, was ich vor meiner Gefangennahme begonnen habe, es wäre eine große Wohltat für Frankreich!«

Die lauten Zwischenrufe über diese Provokation wurden durch eine gebieterische Geste Cauchons sofort zum Verstummen gebracht. Jeanne aber biß sich auf die Lippen, sie konnte den Richtern nicht auch noch sagen, daß die Männerkleider hier im Gefängnis ihr einziger Schutz vor den brutalen Wächtern waren, die sie Tag und Nacht belästigten und ihr Gewalt antun wollten. Diese Entschuldigung hätte man ihr erst recht nicht abgenommen.

Immer wieder kreisten die Fragen um die Stimmen der Heiligen. Mit Fangfragen, Fallen und spitzfindigen Haarspaltereien bemühten sich die Richter, Jeanne ein unbedachtes Wort zu entlocken, das den Aberglauben des Mädchens beweise und die ihm erschienenen Gestalten als böse Geister entlarve. Für eine Hexe war Jeanne von den Engländern immer gehalten worden, als Hexe wollten sie das Mädchen auch von der Kirche verurteilt und verbrannt sehen.

Doch Jeanne war auf der Hut. Sie ließ sich nicht so leicht aufs Glatteis führen. Mit gesundem Menschenverstand, Intelligenz, Geistesgegenwart und oft auch mit Witz verteidigte sie sich schlagfertig. Kühn und mutig, wie ihr die Stimme geraten hatte, wehrte sie sich gegen die Flut drängender Fragen.

»Habt Ihr den heiligen Michael und die anderen Euch erschienenen Engel leibhaftig und wirklich gesehen?« forschte der von Cauchon beauftragte Untersuchungsrichter erneut.

»Ich habe sie alle mit eigenen Augen gesehen, wie ich Euch sehe«, bestätigte Jeanne wahrheitsgemäß.

»Wie sah denn der heilige Michael aus?« bohrte der Richter weiter.

»Wie ein Edelmann. Mehr darf ich Euch nicht sagen.

Eher ließe ich mir den Hals abschneiden, als daß ich alles sagte, was ich weiß.«

»War der heilige Michael nackt?« fuhr einer der Geistlichen lüstern fort.

»Meint Ihr, Gott habe nichts, um ihn zu kleiden?« spottete Jeanne.

»Hatte er Haare?«

»Warum sollte man sie ihm abgeschnitten haben?«

»Wie spricht die Stimme?« nahm der Richter einen weiteren Anlauf.

»Es ist die Stimme eines Engels, sie ist schön, innig und demütig. Sie hat mich immer recht geleitet, und ich habe sie immer verstanden. Sie spricht die Sprache Frankreichs«, bekannte Jeanne. ›Wie ich‹, fügte sie in Gedanken hinzu.

»Spricht die heilige Margaretha nicht englisch?«

»Warum sollte sie englisch sprechen, da sie nicht auf der Seite der Engländer ist?« gab Jeanne kühn zurück.

»Woher wußtet Ihr, daß die heilige Katharina und die heilige Margaretha die Engländer hassen?«

»Sie lieben, was Unser Herr liebt, und hassen, was Gott haßt.«

»Und Gott haßt die Engländer?« griff nun Cauchon ins Verhör ein.

Das, was Jeanne eben gesagt hatte, war nicht nur eine Beleidigung der Engländer, sondern eine Behauptung, die gefährlich nahe an Ketzerei grenzte. Wenn sie sich wirklich anmaßte, über den Willen Gottes zu befinden, wäre der Tatbestand der Gotteslästerung eindeutig erfüllt.

Doch Jeanne war vorsichtig genug, um ihre Antwort unverfänglich zu formulieren.

»Über die Liebe oder den Haß Gottes gegen die Engländer, oder über das, was Er mit ihren Seelen machen wird, weiß ich nichts«, sagte sie, »aber ich weiß, daß sie aus Frankreich vertrieben werden, außer denen, die dort sterben. Gott wird den Franzosen den Sieg schicken!« Mit lauter Stimme übertönte sie die wütenden Zwischenrufe und rief in den Saal: »Ich weiß aber auch, daß die

Engländer deshalb auf mein Sterben sinnen, weil sie glauben, sie könnten nach meinem Tod das Königreich Frankreich gewinnen. Aber selbst wenn sie hunderttausend Goddams mehr wären als jetzt, sie werden das Reich nicht haben!«

Die Richter waren maßlos entrüstet über diese beleidigenden Behauptungen. Wie konnte die Angeklagte es wagen, im gleichen Gebäude, in dem der englische König Hof hielt, solch freche Prophezeihungen auszusprechen!

Doch ein englischer Adliger, der als Beobachter dem Verhör beiwohnte, rief voll Bewunderung über Jeannes Mut aus: »Wahrlich eine tapfere Frau, wäre sie nur Engländerin!«

Bischof Cauchon verlor langsam die Geduld. Nach sechs ausgedehnten, alle erdenklichen Einzelheiten peinlich genau aufspürenden Verhören war es ihm und seinen klugen Kollegen noch immer nicht gelungen, genügend stichhaltige Beweise zusammenzutragen, um Jeanne der beschuldigten Hexerei zu überführen. Trotz ihres Scharfsinns waren sie der Natur von Jeannes Stimmen noch nicht auf die Spur gekommen. Auch über das geheimnisvolle Zeichen, das sie dem Dauphin in Chinon gegeben haben wollte, hatten sie keine Silbe erfahren können.

Cauchon war erzürnt, verärgert und in seinem Stolz verletzt, daß ein einfältiges Bauernmädchen seinen ausgeklügelten Fragen und Kniffen immer wieder vorsichtig und geschickt auszuweichen verstand, Ausflüchte suchte, ihm das Wort im Mund verdrehte und sich in keine der unzähligen Fangfragen und Fallen verstricken ließ. Er verwünschte Jeannes Wachsamkeit, ihr ausgezeichnetes Gedächtnis, ihre Kühnheit und ihre Schlagfertigkeit.

Spät in der Nacht saß er im erzbischöflichen Palast über den Akten. Sosehr er sich bemühte, er sah keinen Weg, den schwierigen Fall in den Griff zu bekommen.

»Jetzt ist es genug!« rief er plötzlich und schlug mit der Faust auf den Tisch. »Ich lasse mich nicht länger an der

Nase herumführen und narren. Ich habe König Heinrich und dem Regenten Bedford versprochen, Jeanne zu verurteilen und werde es auch tun!«

Cauchon erschrak selbst über seinen unbeherrschten Ausbruch. ›Die Engländer wissen, daß sie sich auf mich verlassen können‹, versuchte er seine Gedanken zu ordnen. ›Als ehemaliger Rektor der Universität Paris und als Unterhändler des Vertrags von Troyes habe ich schließlich meine englandfreundliche Gesinnung zur Genüge bewiesen. Ohne meinen unermüdlichen Einsatz wäre Jeanne schließlich auch nicht hier, wäre sie nicht in die Hände der Engländer gelangt, sondern säße noch immer bei den Burgundern. – Es muß einen Punkt geben, wo wir Jeanne fassen können‹, überlegte er weiter und blätterte noch einmal die Protokolle sämtlicher Verhöre durch. Je länger er Jeannes Antworten studierte, desto mehr ärgerte ihn der überhebliche, arrogante Ton ihrer Aussagen.

»Hier müssen wir sie packen!« rief er schon wieder laut und fuhr von seinem Sessel in die Höhe. Erregt im Zimmer auf- und niederschreitend, faßte er seine Argumente zusammen: »Dieses maßlose Selbstbewußtsein, diese unerhörte Anmaßung, von Gott gesandt zu sein, ist doch unvereinbar mit dem Gehorsam gegenüber der Kirche! Eigenmächtiges Handeln auf Befehl von irgendwelchen undurchsichtigen Stimmen, betrügerische Prophezeihungen im Namen Gottes! Wo kämen wir denn hin, wenn plötzlich jeder Katholik behauptete, in direkter persönlicher Verbindung mit Gott zu stehen? Das ist ein Vorrecht, das ausschließlich der Kirche vorbehalten ist und bleiben muß, sonst wäre die Kirche ja überflüssig, und die gesamte christliche Gesellschaftsordnung würde aus den Angeln gehoben. Die Kirche ist die alleinige Hüterin des Glaubens. Sie allein bestimmt, wie und was die Leute glauben dürfen. Sie duldet nichts und niemanden zwischen sich und Gott.

Jeanne muß sich *der Kirche* unterwerfen!«

Erleichtert atmete Cauchon auf. Das war die Schlinge, in der Jeannes Kopf hängenbleiben mußte.

Die folgenden Verhöre wurden in Jeannes Kerker durchgeführt. Nicht einmal die paar Schritte zum Saal, vorbei an der kleinen Kapelle, wo sie zu kurzer Andacht stehenbleiben konnte, wurden der Gefangenen mehr vergönnt.

Nur von seinen engsten Beratern und einem Gerichtsschreiber begleitet, betrat Cauchon am folgenden Morgen die kahle Zelle. Die hohen Herren nahmen unter eisigem Schweigen Platz. Jeannes Ketten wurden abgenommen. Kaum hatte sie sich erhoben, wurde sie schon ins Kreuzverhör genommen.

»Welches Zeichen habt Ihr Eurem König in Chinon gegeben, daß Ihr von Gott kommt?«

»Von mir werdet Ihr es nicht erfahren. Fragt ihn selbst!« gab Jeanne schnippisch zurück.

»Was war das für ein Zeichen?« wiederholte der Untersuchungsrichter drängend.

»Es ist schön und schätzenswert, glaubwürdig und gut, das Kostbarste, das es gibt«, antwortete Jeanne ausweichend.

»Ist es aus Gold, aus Silber – ein kostbarer Stein, eine Krone?« forschte Cauchon unbarmherzig weiter.

»Ich sage Euch nicht mehr darüber. Man vermag kaum etwas so Reiches wie das Zeichen zu beschreiben«, lenkte Jeanne ab, und bevor Cauchon die nächste Frage stellen konnte, fuhr sie herausfordernd fort: »Und das Zeichen, das Euch fehlt, ist, daß Gott mich aus Euren Händen befreit. Das wäre das sicherste, das Er Euch schikken könnte, um Euch zu beweisen, daß ich von Gott gesandt bin!«

Diese spöttischen Worte reizten die Richter erst recht, endlich hinter das Geheimnis der Jungfrau zu kommen. Der Druck ihrer Fragen wurde so groß, daß Jeanne ihm nicht länger widerstehen konnte. Gänzlich in die Enge getrieben, mußte sie das Zeichen deuten.

»Als ich ausziehen mußte, um vor den König zu treten, sagten mir die Stimmen: ›Geh getrost! Wenn du vor dem König sein wirst, wird er ein Zeichen haben, dich zu empfangen und dir zu glauben.‹«

»Weiter«, drängte Cauchon, »kam das Zeichen von Gott?«

»Es war ein Engel von Gott und von niemand anderem, der das Zeichen dem König übergab. Der Engel brachte eine Krone aus feinstem Gold, es gibt keinen Goldschmied dieser Welt, der sie so schön zu machen wüßte. Die Krone bedeutete, daß der König das Königreich Frankreich erhalten würde.«

»Kam der Engel, der sie brachte, von oben oder von der Erde?«

»Er kam vom Himmel!« antwortete Jeanne strahlend. »Ich sage, er kam auf Befehl Unseres Herrn. Er trat durch die Türe ein. Als er vor den König kam, verneigte er sich vor ihm und sagte, der König erhalte das gesamte Königreich mit der Hilfe Gottes und durch meine Anstrengungen.«

Die Richter blickten einander ratlos an. Sie wurden nicht klug aus Jeannes Geschichte. Phantasierte sie oder verheimlichte sie noch immer etwas Wichtiges, das vielleicht der Schlüssel zu ihrem Geheimnis war?

Doch mehr konnten sie nicht aus Jeanne herausbringen, soviel sie auch fragten. Da wechselte Cauchon unvermittelt das Thema.

Jetzt ging es um Leben oder Tod.

Ganz nahe trat er an Jeanne heran, sah sie durchdringend an und fragte: »Unterwerft Ihr Euch, Eure Worte und Werke dem Entscheid der Kirche?«

Lauernd beobachtete er die Jungfrau. Nun gab es kein Ausweichen mehr. Der Ausgang des Prozesses hing von der Antwort auf diese eine Frage ab.

»Ich berufe mich auf Unseren Herrn, der mich gesandt hat, auf Unsere Liebe Frau Maria und auf alle Heiligen des Paradieses. Es scheint mir, daß Unser Herr und die Kirche ein und dasselbe ist. Das ist ganz einfach. Warum macht Ihr damit Schwierigkeiten?« antwortete Jeanne arglos.

Doch so einfach, wie Jeanne meinte, war es nicht. In ihrer kindlich frommen Vorstellung hatte sie keine Ahnung vom schwer durchschaubaren Aufbau der Kirche und deren Rechtsordnung.

Cauchon und seine gelehrten Kollegen erklärten nun dem ungebildeten Mädchen, daß Gott und die Kirche nicht dasselbe seien.

Ausführlich erläuterten sie Jeanne die komplizierte Stufenordnung der katholischen Hierarchie und wiesen sie auf den gewichtigen Unterschied zwischen der *triumphierenden* Kirche, zu der Gott, die Heiligen und die Engel gehörten, und der *streitenden* Kirche hin, als deren Vertreter sie als Richter walteten. Sodann belehrten sie Jeanne, daß die Kirche, und nur die Kirche allein, zur Vermittlung zwischen Gott und den Menschen berechtigt sei, daß die Kirche unfehlbar sei und alle Gläubigen sich ihr bedingungslos zu unterwerfen hätten.

»Auch du, Jeanne! Jeder, der es wagt, dieser festgefügten Ordnung zu trotzen, jeder, der selbstherrlich vorgibt, unmittelbar von Gott Befehle zu erhalten, macht sich unweigerlich der Ketzerei verdächtig und wird dafür strengstens bestraft«, sprach Cauchon eindringlich. »Bedenke, Glaube ist Gehorsam! Gehorsam gegenüber der Kirche.«

Mit dieser ernsten Drohung verließen die Richter das Gefängnis. Bruder Martin ging absichtlich als letzter hinaus. Unter der Türe wandte er sich noch einmal um und flüsterte besorgt: »Jeanne, besinne dich! Du bist in großer Gefahr.«

Verstört blieb Jeanne allein in ihrem Kerker zurück. Sie versuchte, den Sinn der richterlichen Worte zu erfassen. Fremd und unverständlich hatte die Rede in ihren Ohren geklungen! So hatte der Pfarrer von Domremy nie gesprochen. Ihn hatte sie immer gut verstanden.

Warum war hier alles so schwierig?

Lange dachte sie über Gott und sich selbst nach.

›Ich glaube an Gott. Ich habe ihm immer gehorcht und gedient, das kann ich mit ruhigem Gewissen sagen‹, überlegte sie. ›Ich bin eine gute, gläubige Christin, das haben mir sogar die Professoren in Poitiers bestätigt. Wären sonst die Stimmen der Heiligen zu mir gekommen? Hätten sie mich sonst ›Tochter Gottes‹ genannt? Ich liebe ja auch die Kirche, seit ich ein kleines Mädchen war‹, sagte sie sich, ›nie habe ich daran gedacht, mich gegen sie aufzulehnen oder mich über ihre Gebote hinwegzusetzen. Das will ich auch jetzt nicht – vorausgesetzt, daß sie nichts Unmögliches von mir verlangt.‹

Weinend sank Jeanne auf ihr Lager.

»Aber ich kann unmöglich die Offenbarungen meiner Stimmen, die ich von Gott empfangen habe, die ich wirklich und deutlich vernommen habe, verleugnen«, rief sie unglücklich, »auch wenn die Kirche und meine Richter sagen, sie seien Trugbilder und teuflisches Blendwerk. Ich kann beim besten Willen nicht sagen, daß ich nicht sah, was ich sah, und daß ich nicht hörte, was ich hörte.«

Trotz ihrer Verzweiflung war sie gewillt, den Glauben an ihre Stimmen aufrechtzuerhalten, auch gegen die Kirche, mochte die von Bruder Martin angedeutete Gefahr noch so groß sein.

Während des nächsten Verhörs bestanden die Richter nochmals unnachgiebig auf der Frage nach der Unterwerfung unter die Kirche, doch Jeanne schwieg.

Ysambert de la Pierre, ein Dominikaner aus demselben Kloster wie Bruder Martin, konnte nicht länger mitansehen, wie Cauchon die Jungfrau in den Feuertod trieb. Aufrichtig um Jeannes Seelenheil bangend, riet er ihr, sich direkt dem Papst zu unterwerfen, damit dieser als unparteiische Instanz, unabhängig von den kriegführenden Mächten, ihren Fall entscheiden könne.

»Schweigt, zum Teufel, oder ich lasse Euch in die Seine werfen«, fuhr Cauchon den Priester an, denn die Einmischung des ehrlichen Mannes kam ihm sehr ungelegen.

Der eingeschüchterte Ysambert hielt es für ratsam, Cauchons Zorn nicht weiter zu reizen und schwieg.

Noch immer erbost wandte sich Cauchon nochmals an Jeanne, die den Zwischenfall aufmerksam verfolgt hatte. »Unterwerft Ihr Euch der streitenden Kirche?« fragte er barsch.

»Ja, aber ich muß Gott zuerst gehorchen!«

Wie der Richter, so das Urteil

»Jeanne, die Jungfrau genannt, soll schuldig erklärt werden
als Hexe und Zauberin, Wahrsagerin und falsche Prophetin, die böse Geister beschwört,
als abergläubisch, in Sachen des katholischen Glaubens falsch denkend,
als Lästerin Gottes und Seiner Heiligen,
als Kriegshetzerin, die Ehrbarkeit und Schicklichkeit ihres Geschlechts verletzend, Kleid und Beruf der Krieger annehmend,
als ketzerisch oder wenigstens der Ketzerei äußerst verdächtig ...«

Die Anklageschrift endete mit der Forderung, daß die Beschuldigte in allen obengenannten Punkten rechtsgültig bestraft und gebessert werden solle.

Siebzig Schuldartikel hatte Cauchon nach dem Abschluß der Verhöre aufgrund von Jeannes Geständnissen gegen sie zusammengetragen. Skrupellos hatte er dabei Jeannes Aussagen aus dem Zusammenhang gerissen und verzerrt, um die ihr angelasteten Vergehen so drastisch wie möglich hervorzuheben.

Am 28. März wurde Jeanne in der königlichen Kapelle des Schlosses vor dem vollständig versammelten Gericht die Klageschrift vorgelesen.

Einleitend wandte sich Cauchon herablassend an die Angeklagte: »Jeanne, es werden dir jetzt die Klagepunkte, die wir gegen dich vorbringen, vorgelesen. Wenn dir einzelne deiner Aussagen als unrichtig erscheinen, kannst du Einsprache erheben. Da du ungebildet und unwissend bist, erlauben wir dir, unter den Mitgliedern des Gerichts einen Rechtsbeistand auszuwählen, der dir in den schwierigen Rechts- und Glaubensfragen zur Seite stehen wird.«

Ohne sich lange zu besinnen, lehnte Jeanne ab: »Für den

Berater, den Ihr mir anbietet, danke ich Euch, aber ich habe nicht im Sinn, mich vom Rat Gottes zu trennen.«

Sie wußte nur zu gut, daß in dieser feindlichen, haßerfüllten Umgebung niemand wagen würde, ihr zu helfen, sie unparteiisch zu beraten oder gar zu verteidigen. Der freundliche Priester Ysambert, der sich vor einigen Tagen für sie eingesetzt hatte, war ja von Cauchon deswegen so heftig getadelt worden, daß er um sein Leben hatte fürchten müssen.

Zu den Anklagepunkten wollte Jeanne nichts weiteres sagen, nichts hinzufügen, nichts abstreiten. Sie stand zu all ihren Aussagen. Sie hatte stets die Wahrheit gesprochen, alles hatte sich so zugetragen, wie sie es den Richtern geschildert hatte. Wie oft hatte sie ihnen versichert, »ich bin von Gott gesandt, ob Ihr es glaubt oder nicht.« Aber gerade diese Behauptung war in den Augen des Gerichts ihr Verbrechen.

Das Verfahren nahm ordnungsgemäß seinen Fortgang. Die Richter hatten nun eingehend Punkt für Punkt zu prüfen, ob Jeanne der vorgeworfenen Vergehen schuldig oder nicht schuldig zu sprechen sei.

Im Lauf der Beratungen faßten sie einfachheitshalber die ursprünglichen siebzig Punkte in zwölf Artikel zusammen. Nach reiflicher Überlegung kamen sie zu dem Schluß, daß die Erscheinungen, derer sich die Angeklagte rühmte, unglaubwürdig seien, und die schweren Frevel, die sie gegen den rechten Glauben und die Sitten begangen hatte, offenkundig wären.

Cauchon nahm mit Genugtuung zur Kenntnis, daß das Gericht seine Anträge vollumfänglich unterstützte. Er hatte es nicht anders erwartet. Die Falle, die er Jeanne gestellt hatte, war zugeschnappt. Das Opfer war als Ketzerin darin gefangen.

›Die Engländer können mit mir zufrieden sein‹, dachte er stolz, ›aber bevor ich ihnen Jeanne zur Hinrichtung überlasse, muß der Prozeß zum Lob Gottes und zur Vermehrung des Glaubens gemäß den Vorschriften der Inquisition zu Ende geführt werden. Ich will einen schönen Prozeß, keine Pfuscherei. Niemand soll mir auch nur den geringsten Fehler vorwerfen können.‹

Nach den Regeln des Glaubensgerichts hieß das, daß nun die Sünderin mit allen Mitteln – mit Milde und mit Gewalt – dazu gebracht werden mußte, ihre Fehler einzusehen und einzugestehen, aufrichtig zu bereuen und ihrem falschen Glauben abzuschwören, denn das Kirchenrecht forderte ja nicht den Tod der Angeklagten, sondern ihr Schuldbekenntnis und ihre Reue.

Bei Jeanne zeigten sich vorläufig jedoch keine Anzeichen von Einsicht, schon gar nicht von Reue, aber Cauchon vertraute darauf, daß sie spätestens unter der Folter ihre Verstocktheit aufgeben würde.

Dem folgerichtigen Verlauf des Inquisitionsprozesses entsprechend, wurde Jeanne zunächst mit vorgetäuschter Milde durch »liebevolle, heilsame Ermahnungen« aufgefordert, demütig in den Schoß der Kirche zurückzukehren.

»Seht, Jeanne, wenn Euch die Kirche fallenläßt, dann seid Ihr in großer Gefahr des Leibes und der Seele«, ermahnte Cauchon die Angeklagte in Anwesenheit sämtlicher Richter. »Euch steht das ewige Feuer für die Seele und das zeitliche Feuer für den Leib bevor. Nun, willigt Ihr endlich ein, Euch zu ändern und zu bessern, wie es Euch die Gelehrten raten?«

Die sanften Worte waren ebenso vergeblich wie die Drohung mit dem Fegefeuer und dem Scheiterhaufen. Jeanne blieb fest. »Ich glaube wohl an die Kirche hier auf Erden, und daß sie nicht irren noch fehlen kann. Aber all mein Tun und Sagen stelle ich Gott anheim, so, wie ich es schon früher erklärt habe. Ich unterwerfe mich ihm, niemand anderem«, sprach sie unbeirrbar.

Also Gewalt.

Der Weg zur Folterkammer führte durch düstere, unheimliche Kellergewölbe. Die Gestalten der Richter, die Jeanne folgten, warfen im Fackelschein gespenstische

Schatten auf die naßkalten Wände. Dumpf rasselten Jeannes Ketten bei jedem Schritt. In der Folterkammer hatte der Henker, der zugleich auch Folterknecht war, bereits seine grausigen Werkzeuge zurechtgelegt. Jeanne wurde beinahe übel, als er ihr die Marterinstrumente eines nach dem anderen aus nächster Nähe zeigte.

Wie von weit her hörte sie Cauchons Drohung: »Jeanne, wir sind bereit, Euch der Folter zu übergeben, um Euch auf den Weg der Wahrheit zurückzuführen, daß Ihr dadurch das Heil der Seele und des Leibes erlangt, das durch Eure lügnerischen Erfindungen ernstlich gefährdet ist.«

Eine Weile herrschte Totenstille. Schon ergriff der Henker die Daumenschrauben, um sie Jeanne anzulegen.

Da erklang ihre Stimme klar und sicher: »Wahrhaftig, selbst wenn Ihr mir die Glieder brechen und die Seele vom Leib trennen würdet, ich könnte Euch nichts anderes sagen. Und würdet Ihr mich zum Reden zwingen, ich würde immer sagen, daß Ihr mich durch Gewalt zum Reden gebracht habt.« Leiser, doch ebenso bestimmt, bekannte sie in die beklemmende Stille: »Ich habe meine Stimmen um Rat gefragt, um zu wissen, ob ich mich der Kirche unterwerfen soll – und sie haben mir geantwortet, wenn ich wolle, daß Gott, Unser Herr, mir helfe, solle ich mich Ihm, und nur Ihm allein anvertrauen.«

»Räume deine Sachen zusammen«, befahl Cauchon dem Folterknecht, »wenn die Angeklagte so starrsinnig ist, sind die Qualen der Folter von schwachem Nutzen.«

Inzwischen war es Mai geworden. Die Richter hatten ihre Beratungen abgeschlossen. Auch die Universität Paris hatte,»entbrannt von nicht geringem Eifer für den Glauben«, ein Gutachten übermittelt und die zwölf Schuldartikel des Gerichts lobend gutgeheißen.

Noch einmal wurde Jeanne in den Saal des Schlosses Rouen geführt, noch einmal sollte die Uneinsichtige, Verstockte ermahnt werden, auf den Weg der Wahrheit zurückzukehren. Müde, blaß, mit hohlen Wangen, gezeichnet von der monatelangen Haft im dunklen Verließ, doch aufrecht und beherrscht trat Jeanne vor die Richter.

›Womit werden sie mich heute quälen? Welche Martern haben sie sich noch ausgedacht, um mich zu zerbrechen und mir ihren Willen aufzuzwingen?‹ dachte sie, als sie die harten, verschlossenen Gesichter ihrer Peiniger sah.

Schon richtete sich Cauchon in seinem Sessel auf und verkündete: »Wir lesen Euch jetzt die zwölf gegen Euch erhobenen Schuldartikel vor und beschwören Euch zum allerletzten Mal, Euch zu bessern und Euch dem Urteil unserer heiligen Mutter, der Kirche, zu unterwerfen.«

Mit einem Handzeichen bedeutete er dem neben ihm sitzenden Priester, mit der Lesung zu beginnen.

»Du hast gesagt und behauptet, daß du etwa seit deinem dreizehnten Lebensjahr Offenbarungen und Erscheinungen von Engeln und Heiligen gehabt habest.

Diese Offenbarungen sind Lügen, Aberglaube, Sinnestäuschungen und vom Teufel.

Du hast gesagt, daß dein König ein Zeichen erhielt, woran er erkannte, daß du von Gott gesandt seist.

Das ist unwahrscheinlich, verlogen, verführerisch, vermessen und die Würde der Engel beleidigend.

Du hast gesagt, daß du auf Geheiß Gottes Mannskleider trugst und fortfährst, sie zu tragen.

Das ist Gotteslästerung und Verstoß gegen die Heilige Schrift.

Du hast gesagt, du wolltest dich nicht auf das Urteil der Kirche auf Erden verlassen, sondern auf Gott allein.

Du denkst abtrünnig, irrgläubig über die Einheit und Autorität der Kirche und bist bis auf den heutigen Tag ketzerisch und hartnäckig verstockt.«

Der Priester war noch nicht zu Ende. Jeanne hörte mit gesenktem Kopf und zusammengepreßten Lippen die nicht endenwollenden Vorwürfe von »Wahrsagerei, Abgötterei, Anmaßung und Götzendienerei«. Jede neue Anklage schnitt tiefer in ihr Herz, doch sie schwieg, obwohl alles in ihr sich gegen diese Beschuldigungen auflehnte.

Erst als sie der Priester zum Schluß mit salbungsvollen Worten zur Besserung und Umkehr aufforderte, konnte sie nicht mehr länger an sich halten und schleuderte den Richtern ins Gesicht: »Das, was ich im Prozeß immer gesagt und aufrechterhalten habe, das will ich auch jetzt aufrechterhalten. Wenn ich vor der Verurteilung stünde und sähe das Feuer glühen, die Reisigbündel entzündet und den Henker bereit, das Feuer zu schüren, sogar wenn ich selbst im Feuer wäre, ich sagte nichts anderes – bis in den Tod!«

Das Urteil war gefällt. Wie in Ketzerprozessen üblich, wurde es auf einem Schauplatz mitten in der Stadt vor einem drohend aufgerichteten Scheiterhaufen öffentlich verkündet, einerseits, um der Angeklagten den drohenden Tod vor Augen zu führen und sie zur Umkehr zu zwingen, andererseits, um dem Publikum die Sünderin als warnendes, abschreckendes Beispiel vor Augen zu führen.

Am 24. Mai 1431, auf den Tag ein Jahr nach Jeannes Gefangennahme, wartete auf dem Friedhof der Abtei Saint-Ouen, dem größten freien Platz der Stadt Rouen, eine unüberschaubare Menschenmenge. Aus der ganzen Stadt und aus den umliegenden Dörfern waren Hunderte von Sensationslüsternen zusammengeströmt. Sie alle wollten sich das aufsehenerregende Schauspiel von Jeannes öffentlicher Verurteilung nicht entgehen lassen. Alle brannten darauf, die Ketzerin, über welche die unglaublichsten Geschichten erzählt wurden, leibhaftig zu sehen.

Manche kamen auch aus echter Teilnahme an ihrem Schicksal, denn als Einwohner der unterworfenen französischen Stadt sahen sie Jeannes Prozeß als einen Machtbeweis der englischen Unterdrücker, wagten es aber nicht, offen dagegen zu protestieren. Viele Zuschauer waren jedoch nur da, um sich an Jeannes Bestrafung zu ergötzen.

Englische Soldaten drängten die Neugierigen mit Lanzen zurück. Die Menge verstummte jäh, als der lange Zug mit der berühmten Gefangenen den Platz erreichte. Die geistlichen Richter in ihren scharlachroten, violetten und schwarzen Ordenstrachten nahmen gelassen auf den vordersten Bänken ihre Sitze ein, hinter ihnen die englischen Befehlshaber. Jeanne wurde auf ein Podest geführt, damit auch die entferntesten Zuschauer sie gut sehen konnten.

Der Richter Guillaume Erard, ein Bischof, den Cauchon wegen seiner Beredsamkeit mit der heutigen Predigt beauftragt hatte, erhob sich würdevoll zu einer feierlichen Rede über die Einheit der Kirche, die durch keine Außenseiter gefährdet werden dürfe. Schonungslos zählte er dabei alle Irrtümer und Verstöße gegen den Glauben auf, die Jeanne begangen hatte.

Der anprangernde Redeschwall verfehlte seine Wirkung nicht. Eine Welle des Schreckens fuhr durch die Leute. »Hat sie das alles wirklich getan?« Viele bekreuzigten sich vor Entsetzen.

Bischof Erard fuhr fort, Jeanne wegen ihres gottlosen Handelns zu tadeln und verleumdete gleichzeitig auch die Ehre König Charles', der sich als ketzerisch und abtrünnig erwiesen habe, als er den Worten und Werken dieses unnützen, verrufenen Weibes anhing.

Jeanne fuhr aus ihrem Brüten auf. Ihre Augen funkelten zornig. Sie vergaß die Todesgefahr, in der sie schwebte und verteidigte laut ihren König, obwohl dieser sie seit der Gefangennahme gänzlich im Stich gelassen hatte.

»Meiner Treu, Herr!« rief sie. »Bei allem schuldigen Respekt erlaubt mir, daß ich Euch bei meinem Leben versichere, daß er der christlichste aller christlichen Könige ist, der den Glauben und die Kirche wahrhaft liebt. Er ist nichts von dem, was Ihr da sagt. Sprecht nicht von ihm, sprecht lieber von mir!«

»Schweig!« wies Erard sie heftig zurecht.

Zum endgültig letzten Mal forderte er Jeanne auf, sich der Kirche zu unterwerfen.

»Meine Worte und Werke habe ich auf Gottes Geheiß vollbracht«, beharrte Jeanne.

»Wollt Ihr sie nicht widerrufen?« fragte Erard noch einmal.

»Ich überlasse es Gott und der Entscheidung unseres Heiligen Vaters, des Papstes«, antwortete Jeanne leise.

»Das genügt nicht!« stellte Erard fest. »Man kann nicht unseren Heiligen Vater von so weit herholen. Zuständig sind Eure Richter, die Euch wiederholt aufgefordert und gebeten haben, Euch der Kirche zu unterwerfen.«

Jeanne schwieg. Da begann Cauchon schon das Urteil zu verlesen.

»Du wirst augenblicklich widerrufen, oder du wirst auf diesem Scheiterhaufen verbrannt«, zischte Erard.

»Jeanne, unterwirf dich!« rief Bruder Martin flehend aus dem Hintergrund, »dann wirst du vielleicht in ein Frauenkloster gebracht.«

Jeanne starrte mit weitaufgerissenen Augen zum hohen Holzstoß hinüber. Jetzt erst gewahrte sie den rot vermummten Henker, der nur darauf wartete, seine mörderische Pflicht zu tun.

Da erfaßte Jeanne unendliches Grauen. Ein Beben lief durch ihren Körper, ihr Atem stockte, sie brach zusammen. Sie sah sich schon in den lodernden Flammen ersticken. In Todesangst bäumte sie sich auf und schrie: »Ich will alles befolgen, was die Richter der Kirche sagen und verfügen!«

Ein Raunen ging durch die Menge. »Sie unterwirft sich. Sie widerruft! Sie wird nicht verbrannt!«

Einige atmeten erleichtert auf, aber andere waren enttäuscht, daß sie um das grausame Schauspiel geprellt wurden. Sie hätten Jeanne gerne brennen gesehen.

Cauchon brachte die plötzliche Wende jedoch nicht aus der Ruhe. Er hatte damit gerechnet, daß die Angeklagte angesichts des Scheiterhaufens ihren Widerstand aufgeben würde. Er zog das bereits vorbereitete Schriftstück mit dem Text des Widerrufes aus dem Ärmel und las Jeanne ihr Schuldbekenntnis laut vor.

Langsam sprach sie seine Worte nach: »Ich, Jehanne, die Jungfrau genannt, armselige Sünderin, bekenne, daß ich abtrünnig und irrgläubig war. Nachdem ich die Fallstricke der Irrtümer, in denen ich befangen war, erkannt habe, bin ich durch die Gnade Gottes zu unserer heiligen Mutter, der Kirche, zurückgekehrt.

Ich bekenne, daß ich schwer gesündigt habe, indem ich lügnerisch vorgab, Offenbarungen von Gott, durch die Engel, die heilige Katharina und die heilige Margaretha gehabt zu haben, andere verführte, und, indem ich leichtfertig und töricht glaubte, abergläubisch wahrsagte, Gott und seine Heiligen lästerte, unanständige Kleider trug, die Haare nach Männerart geschnitten, gegen alle Schicklichkeit des weiblichen Geschlechts verstieß.

Ich bekenne, daß ich Götzendienerei getrieben habe, indem ich die bösen Geister verehrte und anrief.

Diesen Vergehen und Irrtümern schwöre ich aufrichtigen Herzens ab. In allen genannten Dingen unterwerfe ich mich der Kirche und der Gerechtigkeit meiner Richter. Ich schwöre und verspreche, daß ich nie mehr zu den oben genannten Irrtümern zurückkehren werde, sondern für immer in der Einheit unserer heiligen Mutter, der Kirche, bleiben werde.«

»Gut«, lobte Cauchon und reichte ihr die Feder, »jetzt braucht Ihr nur noch zu unterschreiben.«

Eigenhändig unterzeichnete Jeanne den Widerruf. Sie zitterte so sehr, daß der mitleidige Bruder Martin ihr die Hand führen mußte.

Steine flogen durch die Luft, Protestschreie ertönten, Schwerter wurden blankgezogen. Die Engländer verließen wütend ihre Estrade und drangen auf Cauchon ein.

Mit geballten Fäusten beschimpften sie ihn: »Vergebens hat unser König sein Geld an Euch verschwendet! Jetzt entschlüpft uns die Hexe noch im letzten Moment. Durch Eure Schuld! Weshalb habt Ihr sie zum Widerruf gezwungen? Sie muß verbrannt werden. Nur wenn sie tot ist, werden wir diesen Krieg gewinnen: Solange sie lebt, bringt sie uns nichts als Unglück.«

Mit einer leichten Handbewegung wies Cauchon die Zornigen zurück und entgegnete gelassen: »Seid unbesorgt! Wir werden sie schon noch kriegen!«

Das Ziel des Inquisitionsprozesses war erreicht. Die Angeklagte hatte ihre Schuld eingestanden und bereute die begangenen Fehler. Bußfertig hatte sie bereits die verbotenen Männerkleider abgelegt und das für sie bereitgelegte lange Frauengewand angezogen.

Nachdem Cauchon die aufgebrachten Engländer beschwichtigt und für Ruhe auf dem Platz gesorgt hatte, verkündete er Jeanne mit feierlicher Stimme das für reuige Sünder übliche Urteil:

»Im Namen des Herrn. Amen.

Endlich bist du durch Gottes Beistand in den Schoß der Kirche zurückgekehrt, hast widerrufen und deinen Irrtümern, samt aller Ketzerei abgeschworen. Wir verurteilen dich endgültig und unwiderruflich zur Übung heilsamer Buße, zu dauerndem Kerker beim Brot der Schmerzen und beim Wasser der Traurigkeit, damit du dort das Begangene beweinst und das Beweinte nie mehr begehst.«

Kaum waren Cauchons letzte Worte verklungen, eilten Bruder Martin und Bruder Ysambert auf Jeanne zu, die zitternd und tränenüberströmt ihre Verurteilung hinnahm.

»Wir sind so froh, daß du gerettet bist«, sprachen sie sichtlich erleichtert, »wir hatten große Angst um dich und fürchteten schon, daß du wegen deines Starrsinns verbrannt würdest.«

Als Jeanne leise weiterschluchzte, trat Bruder Martin ganz nahe neben sie und sprach: »Weine jetzt nicht mehr, sondern geh zu Cauchon und bitte ihn demütig darum, deine Strafe in einem Frauenkloster verbüßen zu dürfen. Nach kirchlichem Recht steht dir das nämlich zu.«

Jeanne folgte dem gutgemeinten Rat des Mönchs, doch Cauchon, der bis dahin so großen Wert auf die Einhaltung der Inquisitions-Vorschriften gelegt hatte, schlug Jeannes Bitte ab. Unter dem Druck der englischen Machthaber beging er eine grobe Verletzung des Kirchenrechts, als er den Schergen befahl: »Führt sie ins Schloß zurück, woher sie gekommen ist!«

Meine Stimmen haben mich nicht getäuscht

Die auf den Widerruf folgende Nacht war die längste und schwerste in Jeannes Leben. Enttäuscht und getäuscht sah sie sich wieder in denselben verhaßten Kerker zurückgebracht, in dem sie monatelang gelitten hatte, obwohl ihr in Aussicht gestellt worden war, sie käme nach ihrer Unterwerfung unter die Kirche in ein Frauenkloster. Wieder war sie den rohen englischen Soldaten ausgeliefert, die sie weiterhin mit höhnischen Worten kränkten und ihr Gewalt antun wollten.

In ihrem Innersten aufgewühlt, zutiefst erregt über die unfaßbaren Ereignisse des vergangenen Tages, gequält von Reue und Selbstvorwürfen wegen ihres Widerrufes, fand Jeanne keinen Schlaf. Die Gedanken kreisten wild in ihrem Kopf. Bald warf sie sich unruhig auf ihrem Lager hin und her, bald starrte sie mit weitgeöffneten, rotgeweinten Augen in die Dunkelheit.

»Was habe ich getan?« schluchzte sie fassungslos. »Meine Offenbarungen geleugnet! Widerrufen! Meine Stimmen als Lügen bezeichnet. Aber sie sind doch keine Lügen! Ich habe meine Stimmen wirklich gehört. Deutlich haben sie zu mir gesprochen. Immer wieder, jeden Tag, seit meiner Kindheit. Es waren die Stimmen der Heiligen, die mir den Auftrag Gottes überbracht und mir geholfen haben, ihn auszuführen. Sie waren es, die mich geheißen haben, meinen König und Frankreich zu retten, und ich habe ihnen immer vertraut und gehorcht. Alles ist so gekommen, wie sie es mir gesagt haben. Und gestern habe ich geschworen, daß alles Lüge sei?«

Mit den Fingern betastete sie die Falten des langen Gewandes, das sie angezogen hatte, obwohl Gott ihr noch nicht erlaubt hatte, ihre Männerkleider abzulegen.

»Weh mir, ich bin schwach geworden«, klagte sie mit tränenerstickter Stimme. »Die lange Gefangenschaft, die schrecklichen Verhöre, die Einsamkeit im Kerker haben mich an den Rand meiner Kräfte und meines Verstandes gebracht. Ich habe nicht mehr gewußt, was ich tat. Ich sah nur noch den Scheiterhaufen und hatte plötzlich solche Angst vor dem Feuer und dem Tod.

Nein! Ich fürchte den Tod nicht. Er ist es, der mich aus dem Gefängnis befreit. Durch ihn gelange ich zu Gott. Wie konnte ich vergessen, daß mich jenseits des Todes die Erlösung im Paradies erwartet? Meine Stimmen haben mir doch versichert, daß ich nicht zur Hölle verdammt sei, sondern nach meinem Martyrium ins Paradies eingehen werde.«

So klar wie noch nie zuvor erkannte Jeanne in dieser Stunde, daß Gott und ihre Stimmen ihr Leben – und ihr Tod – waren.

Laut rief sie in die Dunkelheit: »Indem ich meine Stimmen verleugnete, habe ich auch mich selbst verleugnet, habe ich Gott und mich selbst verraten, alles, wofür ich mit ganzer Kraft gelebt und gekämpft habe. Ich will, ich muß meinen Widerruf zurücknehmen! Ich will fest und bedingungslos aufrechterhalten, daß meine Stimmen von Gott kommen. Er hat mich gesandt. Ich weiß es sicher.«

Langsam wurde Jeanne ruhiger. Sie fand wieder zu sich selbst und kam mit sich und ihrem Gewissen ins reine. Trotz der Fesseln, die sie banden, trotz des Kerkers, der sie einschloß, fühlte sie sich frei und stark. Sie war nun bereit, für ihren Glauben und ihre Taten auch den Tod auf sich zu nehmen.

»Jeanne trägt wieder Männerkleider!«

Bischof Cauchon war nicht sonderlich überrascht, als er am folgenden Morgen in seinem Palast durch einen englischen Boten diese Meldung erhielt.

»Habe ich nicht gesagt, daß wir sie kriegen werden«, triumphierte er. »Jetzt ist sie, trotz ihres Versprechens, Buße zu tun, erneut schuldig geworden. Jetzt ist sie rettungslos verloren, jetzt erst steht ihrer Verbrennung nichts mehr im Weg. Die Engländer sind am Ziel ihrer Wünsche. Bald werden die Flammen ihr Opfer verzehren. Nichts, gar nichts mehr wird von Jeanne übrigbleiben.«

Nachdem er in Ruhe sein Frühstück beendigt hatte, ließ er sich seinen Mantel bringen und ging ins Gefängnis, um sich mit eigenen Augen von Jeannes Rückfall in die Sünde zu überzeugen und den Grund für ihr rechtswidriges Verhalten zu erfahren.

Die mächtige Gestalt Cauchons erschien in der Gefängnistüre. Hinter ihm drängten einige Richter herein, die ebenfalls vernommen hatten, daß Jeanne wieder Männerkleider trage.

»Was soll das heißen, Jeanne?« stellte Cauchon sie zur Rede.

»Ich habe die Mannskleider wieder angenommen und die Frauenkleider abgelegt«, antwortete Jeanne fest. »Heute morgen, als die Wächter mir die Ketten abnahmen, fand ich sie unter meinem Lager in einem Sack versteckt. Vermutlich habt Ihr sie selbst dorthin bringen lassen und nur darauf gewartet, daß ich sie wieder anziehe.«

Cauchon trat näher und schalt vorwurfsvoll: »Ihr hattet doch versprochen und geschworen, sie nicht wieder zu tragen.«

»Es ist schicklicher, da ich in der Umgebung von Männern bin«, erwiderte sie. »Ich habe sie auch wieder angezogen, weil Ihr nicht Euer Wort gehalten habt.«

»Du wagst es, mich zu beschuldigen?« tobte Cauchon.

Jeanne sprang auf, furchtlos blickte sie dem Bischof ins Gesicht. Mit schneidender Stimme warf sie ihm vor: »Bischof, ich sterbe durch Euch!«

»Bezähmt Euch!« wies Cauchon sie zurecht. »Ihr sterbt, weil Ihr nicht gehalten habt, was Ihr verspracht und weil Ihr in Eure Missetaten zurückverfallen seid.«

Ruhig entgegnete Jeanne: »Hättet Ihr mich in ein Gefängnis der Kirche gebracht und in die Hände von Frauen gegeben, es wäre nicht geschehen. Aber Ihr habt mich in gemeiner Absicht wieder hierher bringen lassen, wo ich der nackten Gewalt der Engländer wehrlos preisgegeben bin. Es ist Eure Schuld, daß ich wieder Männerkleider anziehen mußte. Ich werde Euch deswegen vor Gott anklagen.«

Jetzt hatte Jeanne durchschaut, welch grausames Spiel mit ihr getrieben wurde. Nicht weil sie wieder Männerkleider trug, mußte sie sterben, sondern weil der ganze Prozeß eine verlogene Angelegenheit war. Hinter der Fassade des kirchlichen Gerichts hatte von Anfang an die politische Macht der Engländer, ihrer Todfeinde, gestanden, mit dem einzigen Ziel, sie auf dem Scheiterhaufen zu verbrennen.

Doch das Feuer schreckte Jeanne nicht mehr. Jetzt, nachdem sie den nächtlichen Gewissenskampf durchgestanden und ihre Todesfurcht überwunden hatte, jetzt, da sie ihrer selbst absolut sicher war, nahm sie ihren Widerruf zurück und schleuderte ihren Richtern die ganze Wahrheit ins Gesicht. Sie trat dicht an Cauchon heran, ihre stolze Haltung drückte Entschlossenheit und Selbstsicherheit aus.

»Gott hat mich durch die heilige Katharina und die heilige Margaretha den großen Jammer meines Verrats wissen lassen, in den ich mit meiner Abschwörung gewilligt habe, um mein Leben zu retten«, rief sie aus. »Ich tat es nur aus Angst vor dem Feuer. Von dem, was in der Abschwörungsurkunde stand, habe ich gar nichts verstanden. Was ich widerrufen habe, war wider die Wahrheit!«

»Ihr glaubt also, daß Eure Stimmen von der heiligen Katharina und der heiligen Margaretha kommen?« fragte Cauchon.

»Ja, und von Gott!« bekannte Jeanne.

»Und die Krone?« wollte Cauchon wissen.

»Ich habe Euch alles darüber nach bestem Wissen im Prozeß gesagt, nur etwas habe ich noch verschwiegen. Jetzt sollt Ihr es erfahren: *Ich* war der Engel, der dem Dauphin in Chinon die Krone brachte. Die Krone war das Zeichen, daß Gott mich gesandt hat.«

Cauchon verschlug es die Sprache. Er rang nach Luft.

Doch schon fuhr Jeanne mit erhobener Stimme fort:

»Wenn ich sagen würde, Gott hätte mich nicht gesandt, so würde ich mich selbst verdammen. Es ist die Wahrheit, daß Gott mich geschickt hat!«

Dieses Bekenntnis besiegelte endgültig Jeannes Schicksal. Jetzt war ihr Leben verwirkt.

Der Gerichtsschreiber, ohne den Cauchon niemals zu Jeanne ins Gefängnis gegangen war, protokollierte auch dieses Verhör und vermerkte neben Jeannes letzte Worte: »todbringende Antwort«.

Beim Verlassen des Gefängnisses winkte Bischof Cauchon den draußen wartenden Engländern fröhlich zu und rief: »Lebt wohl! Seid guten Mutes. Es ist vollbracht!«

Die letzte Sitzung der Richter im bischöflichen Palast war kurz.

»Auf Betreiben des Teufels behauptet die Jungfrau erneut, daß ihre Geister und Stimmen zu ihr gekommen und ihr Reden gehalten haben. Sie hat die Frauenkleider von sich geworfen und wieder Mannskleider angelegt«, berichtete Cauchon und forderte die anwesenden Richter und Beisitzer auf, dazu Stellung zu nehmen.

»Jeanne ist eine Ketzerin. Sie soll dem weltlichen Arm* ausgeliefert werden«, riet Bischof Erard als erster.

»Jeanne ist rückfällig. Sie ist eine hartnäckige Ketzerin«, pflichtete ihm die Mehrzahl der Richter bei.

»Hartnäckig, verstockt und ungehorsam.«

»Derselben Meinung«, so äußerte sich einer nach dem anderen.

Einzig Bruder Ysambert trat für Jeanne ein. »Bevor sie endgültig verdammt wird, soll man sie noch einmal zum Heil ihrer Seele ermahnen«, schlug er schüchtern vor, »man soll ihr sagen, daß sie von einem Leben auf dieser Welt nichts mehr zu hoffen hat.«

»Das ist nicht mehr nötig«, unterbrach ihn Cauchon,

* d. h., den Engländern

»das Verschulden der Angeklagten wiegt so schwer, daß es nur durch die schärfste Strafe, die ein kirchliches Gericht aussprechen kann, zu ahnden ist, und zwar sofort.«

Ohne weitere Diskussion wurde hierauf entschieden, daß Jeanne nach Recht und Gesetz für rückfällig, aus der Kirche ausgeschlossen und ketzerisch zu erklären sei. In der Frühe des folgenden Tages sollte das Urteil auf dem alten Markt von Rouen öffentlich verlesen, Jeanne an die Engländer ausgeliefert, von ihnen zum Tod verurteilt und sogleich hingerichtet werden.

Die Kirche durfte zwar ihr Opfer aus der kirchlichen Gemeinschaft ausstoßen und damit dem sicheren Tod ausliefern, aber sie durfte sich gemäß Kirchenrecht nicht selbst mit Blut besudeln.

Mittwoch, 30. Mai 1431

Auf dem Marktplatz von Rouen war alles für Jeannes Hinrichtung bereit: eine große Tribüne für die Mitglieder des Gerichts und die englischen Machthaber, ein Podium für Jeanne und daneben auf einem hohen Gerüst der mächtige Holzstoß.

Wieder hatte sich eine riesige Menge von Zuschauern eingefunden, die das außerordentliche Ereignis einer Hexenverbrennung nicht versäumen wollten. Bereits in den frühen Morgenstunden waren die ersten Schaulustigen zur Stelle, um sich die vordersten Plätze zu sichern. An allen Fenstern der umliegenden Häuser hingen dichte Menschentrauben; sogar von den Dächern aus verfolgten Neugierige das Schauspiel. Einige Zuschauer beteten für die arme Sünderin, andere entzündeten Kerzen. Manch einer fragte sich im stillen, ob das arme junge Mädchen diese greuliche Strafe tatsächlich verdiente und ob sein Feuertod wirklich nicht zu verhindern war.

Langsam verflossen die Minuten. Die Spannung auf dem Platz wuchs und wuchs.

Englische Soldaten patrouillierten hin und her und sorgten für Ruhe und Ordnung. Sie taten, als ob sie die feindseligen Blicke nicht bemerkten, die ihnen oft genug folgten. Für sie war es höchste Zeit, daß Jeanne endlich verschwand. Seit Jeannes öffentlicher Verurteilung auf dem Friedhof der Abtei Saint-Ouen hatte sich die Stimmung unter den Franzosen verändert. Überall begann es zu gären. Der Kommandant befürchtete sogar, der heutige Volksauflauf könne für die englische Besatzung gefährlich werden und in eine offene Erhebung umschlagen. Eine Rebellion der Franzosen war durchaus nicht auszuschließen, wenn eine der Ihren hingerichtet würde.

Die Turmuhr schlug neun. Die Menge wurde unruhig und verfolgte mißtrauisch, wie Hunderte von englischen Soldaten, mit Äxten und Knütteln bewaffnet, sich auf dem Platz verteilten, wo sonst friedliches Markttreiben herrschte.

Mit gemessenen Schritten nahten die Mitglieder des Gerichts, angeführt von Bischof Cauchon. Ihre Gesichter verrieten keine Bewegung. Umständlich nahmen sie ihre Plätze auf der Estrade ein. Ihnen folgten die höchsten englischen Würdenträger, sichtlich zufrieden über den günstigen Prozeßausgang.

Alle Augen richteten sich nun auf die schmale Gasse, aus der die Verurteilte jeden Augenblick auftauchen mußte. Schon hörte man das Klappern von Rädern auf dem holprigen Kopfsteinpflaster, es wurde lauter, kam näher.

Jetzt bog der Henkerskarren um die Ecke, auf dem Jeanne, von Bruder Martin und Bruder Ysambert gestützt, zur Richtstätte gezogen wurde.

Die Engländer johlten bei ihrem Anblick.

Die Menge verharrte in betretenem Schweigen; die ruhige, gefaßte Haltung Jeannes heischte stumme Achtung. In der Mitte des Platzes wurde sie vom Karren heruntergezerrt und auf das für sie bestimmte Podest geführt.

Allen Blicken preisgegeben stand sie dort, allein, geächtet, verstoßen, verdammt.

Sie war mit einem langen weißen Büßerhemd bekleidet,

wie es die zum Tode Verurteilten zu tragen hatten. Auf den kahlgeschorenen Kopf hatte man zu ihrem Spott einen hohen papiernen Hut in Form einer Bischofsmütze gestülpt: zwischen gemalten Teufeln mit scheußlichen Fratzen stand in großen Buchstaben »Ketzerin«, »Abtrünnige«, »Götzendienerin« darauf geschrieben.

Nach einer weitschweifigen Predigt kam Cauchon zur feierlichen Urteilsverkündung:

»Im Namen des Herrn. Amen.

Wann immer der Irrglaube mit seinem verpestenden Gift ein Glied der Kirche ansteckt und in ein Glied des Satans verwandelt, so muß man mit brennendem Eifer verhindern, daß die gefährliche Ansteckung auch auf die anderen Teile des mystischen Leibes Christi* übergreife.

Wir haben geglaubt, daß Ihr Euch wahrhaftig abgewendet habt von Euren Irrtümern und Vergehen, als Ihr sie auf dem Friedhof von Saint-Ouen öffentlich widerrieft und gelobtet, nicht rückfällig zu werden. Dennoch seid Ihr – o Schmerz! – zu ihnen zurückgekehrt, so, wie der Hund zu seinem Auswurf.

Darum erklären Wir Euch, Jeanne, gemeinhin die Jungfrau genannt, als Abtrünnige, Götzendienerin, Teufelsbeschwörerin. Mit diesem Urteil erklären Wir, die Wir über Euch zu richten haben, daß Ihr wie ein eitriges Glied aus der Einheit der Kirche ausgestoßen und von ihrem Leib weggerissen werdet, damit Ihr die anderen Glieder nicht ansteckt, und daß Ihr dem weltlichen Arm ausgeliefert werdet.«

Obwohl er genau wußte, was Jeanne bevorstand, schloß er heuchlerisch: »Wir bitten die weltliche Gerichtsbarkeit, ihr Urteil über Euch zu mäßigen ohne Tötung und Verstümmelung der Glieder.«

Die Kirche hatte ihre Pflicht getan. Der Inquisitionsprozeß war zu Ende. Die geistlichen Richter zogen sich unmittelbar nach der Verlesung des Schuldspruches zurück, ge-

* mystischer Leib Christi: die Kirche

mäß dem zweideutigen Rechtsgrundsatz »Die Kirche verabscheut das Blutvergießen«.

Nur die beiden Priester, die Jeanne auf dem Karren begleitet hatten, verließen sie nicht.

Jeanne nahm das über sie gesprochene Urteil mit Fassung und Würde auf. Sie war bereit zu sterben. Sie, die noch nicht Zwanzigjährige, hatte mit dem Leben abgeschlossen und vertraute ihren Stimmen, daß sie noch heute in Gottes Paradies sein werde. Sie war dessen so sicher, als ob sie schon dort wäre.

Demütig und ergeben sammelte sie sich zum letzten Gebet. Noch einmal bekannte sie laut und deutlich ihren festen Glauben an Gott und an ihre Stimmen. Überwältigt von stärkster seelischer Bewegung brach sie zuletzt in Tränen aus, schluchzend bat sie alle Umstehenden, für sie zu beten und Messen lesen zu lassen. Großmütig vergab sie allen, die ihr Schlechtes angetan hatten.

Viele der Anwesenden, darunter auch manche Engländer, begannen zu weinen und waren voll Mitleid mit Jeanne, die sich in ihrem Leid so standhaft, tapfer und gläubig zeigte.

Der Mehrzahl der englischen Schergen dauerte jedoch die Szene zu lange.

Ärgerliche Rufe wurden hörbar: »Los, macht schon vorwärts! Sollen wir denn hier noch zu Mittag essen?«

Deshalb machte der englische Kommandant kurzen Prozeß. Er wartete nicht, bis das erforderliche weltliche Todesurteil gesprochen war, sondern forderte den Henker auf: »Walte deines Amtes!«

Der Scharfrichter ergriff Jeanne und schleppte sein Opfer auf den Scheiterhaufen. Die Menge verharrte in tiefem Schweigen, unheimliche Ruhe lag über dem Platz, bis ein gellender Schrei aus Jeannes Mund die gespannte Ruhe zerriß: »Ein Kreuz! Gebt mir ein Kreuz!«

Ein englischer Soldat, der zuvorderst stand, band mit zitternden Händen zwei Holzstücke zu einem Kreuz zusam-

Jeannes Hinrichtung.
Der Scharfrichter fesselt die Jungfrau an den Pfahl, im Hintergrund Reisigbündel und trauernde Mönche. (Miniatur, 1484)

men und reichte es Jeanne hinauf. Sie küßte es dankbar und barg es unter ihrem Gewand. Bruder Ysambert eilte in die nahe Kirche und holte das große Prozessions-Kreuz. Er hielt es vor Jeanne in die Höhe, damit sie den gekreuzigten Christus bis zum letzten Atemzug sehen konnte.

Der Henker fesselte Jeanne an den Pfahl und entzündete den Holzstoß. Züngelnd stieg der Brand empor, immer höher loderte das Feuer, schon stand Jeanne ganz in Flammen. Da stieß sie mit letzter Kraft hervor: »Meine Stimmen und Offenbarungen sind von Gott gekommen. Meine Stimmen haben mich nicht getäuscht!«

Laut flehend rief sie Christus und die Heiligen im Paradies an und verschied mit dem Namen Jesu auf den Lippen.

Tausende weinten.

In Tränen aufgelöst starrte Bruder Martin auf die glimmende Leiche. Er war sicher, daß Jeanne, deren göttliche Sendung er nie bezweifelt hatte, als gläubige Christin gestorben und bereits in Gottes Paradies sei. »Ich wollte, meine Seele wäre dort, wo jetzt die ihre ist«, schluchzte er.

Erschüttert von Jeannes frommem Tod war sogar der Sekretär des englischen Königs, der unweit des Holzstoßes ihre Verbrennung mitangesehen hatte.

Zerknirscht rief er aus: »Wir sind alle verloren. Wir haben eine Heilige verbrannt. Ich glaube, ihre Seele ist in Gottes Hand, denn noch während sie in Flammen stand, hat sie nicht aufgehört, den Namen Jesu zu rufen.«

Es wird berichtet, der Henker habe zu seinem großen Erstaunen Jeannes Herz unversehrt in der Asche des Scheiterhaufens gefunden. Wie durch ein Wunder sei es in den Flammen nicht verbrannt.

Die Engländer ließen Jeannes sterbliche Überreste unverzüglich in die Seine werfen, denn sie fürchteten nicht ohne Grund, daß diese zu einem Totenkult oder gar zu einer Widerstandsbewegung Anlaß geben könnten. Sie glaubten, nun alle Spuren von Jeanne vollständig und auf immer ausgelöscht zu haben. Zu Unrecht.

Vielmehr sollte sich die Ahnung des Sekretärs des englischen Königs bewahrheiten: Die Engländer waren tatsächlich verloren. Jeannes Tod brachte ihnen nicht die erhoffte Wende des Kriegsglücks, im Gegenteil. Das englisch-burgundische Bündnis fiel bald nach Jeannes Hinrichtung auseinander. Charles und Philipp von Burgund versöhnten sich und schlossen Frieden miteinander. Vereint führten sie den Kampf gegen die Engländer fort. Schritt für Schritt wurden diese von König Charles' Truppen aus Paris, der Guyenne und zuletzt aus ganz Frankreich vertrieben und auf ihre Insel zurückgedrängt, wie Jeanne prophezeiht hatte. Vom Griff nach der französischen Krone war keine Rede mehr. Fortan verzichtete England auch auf alle Gebietsansprüche auf dem Kontinent und strebte immer deutlicher die Führung als Seemacht an.

Als der Krieg nach mehr als hundert Jahren endlich

seinen Abschluß fand, war Frankreich als Nation geeint, vergrößert und gestärkt. Der anfänglich so schwache, zaudernde Dauphin ging als »Charles der Siegreiche« in die Geschichte ein.

Nach der Rückeroberung von Rouen im Jahr 1449 ließ König Charles den Prozeß gegen Jeanne wieder aufrollen. Er beabsichtigte, den da und dort noch schwelenden Verdacht, er habe seine Krone einer Hexe zu verdanken, endgültig aus der Welt zu schaffen und seine Ehre, die durch Jeannes Verurteilung befleckt worden war, wieder reinzuwaschen.

Ein zweiter Prozeß, der sogenannte Rechtfertigungsprozeß, begann.

Zahlreiche Zeugen, die Jeanne persönlich gekannt hatten, wurden in ihrer lothringischen Heimat, in Orléans, Paris und Rouen vernommen. Ihre Paten, Freundinnen und Nachbarn aus Domremy, die Gefährten im ruhmreichen Kampf gegen die Engländer, Dunois, der Herzog von Alençon, und Jean de Metz, ihr alter Beichtvater Pasquerel, ihr Page Louis und viele andere kamen zu Wort. Ihre Zeugnisse stimmten mit Jeannes eigenen Aussagen überein und bestätigten die außerordentliche Überzeugungskraft, die von der Jungfrau ausgegangen war.

Befragt wurden auch ehemalige Richter, Beisitzer und die Gerichtsschreiber des Prozesses in Rouen. Einige bekannten, daß das Gericht unter massivem englischen Druck gestanden habe. Sie gaben auch zu, voreingenommen, unter Zwang und sogar mit rechtswidrigen Mitteln den tödlichen Ausgang des Prozesses herbeigeführt zu haben.

1456, fünfundzwanzig Jahre nach ihrer Hinrichtung, erklärte das zu Jeannes Rechtfertigung eingesetzte Gericht nach sorgfältiger und umfassender Prüfung den Verurteilungsprozeß und die Urteile von 1431 als rechtlos und ungültig, null und nichtig.

Noch heute hält nicht nur Rouen, sondern ganz Frankreich Jeannes Andenken in höchsten Ehren. Auf dem alten Markt, wo einst der Scheiterhaufen stand, erinnert ein hohes Kreuz an ihren Feuertod. Jedes Jahr im Mai findet dort eine Gedenkfeier für Jeanne statt, anschließend zieht ein Festzug von der Hinrichtungsstätte hinab zur Seine, und junge Mädchen streuen weiße Blumen auf ihr Grab im Fluß.

Den Prozeßprotokollen mit Jeannes eigenen Aussagen und den Berichten der später befragten Zeugen, die alle im Original noch heute in französischen Archiven erhalten sind, verdanken wir die Kenntnisse über Jeannes Leben und über ihr für Frankreich schicksalswendendes Wirken. Über die Jahrhunderte hinweg sind diese Dokumente ein lebendiges Zeugnis für Jeannes starke Persönlichkeit und ihre ungebrochene Strahlkraft, für ihren unerschütterlichen Glauben und ihren starken Willen, der über Gewalt, Leid und Tod triumphierte.

Zeittafel

496 Der heilige Remigius tauft König Chlodwig in Reims.

1152 Eleonore von Aquitanien heiratet König Heinrich Plantagenet von England.
Die Guyenne wird englisch.

1328 Tod des letzten Königs aus dem Geschlecht der Kapetinger, Beginn des Erbstreits um den französischen Thron

1337 Ausbruch des »Hundertjährigen Krieges« zwischen Frankreich und England

1347 Belagerung von Calais

1403 Geburt des Dauphins

1412 wahrscheinliches Geburtsjahr von Jeanne d'Arc

1419 Ermordung des Herzogs Johann von Burgund.
Bürgerkrieg

1420 Vertrag von Troyes

1421 Geburt Heinrichs VI.

1428 12. Oktober: Die Engländer belagern Orléans.
Dezember: Jeanne verläßt Domremy.

1429 22. Februar: Aufbruch Jeannes aus Vaucouleurs
6. März: Der Dauphin empfängt Jeanne in Chinon.
29. April: Jeanne zieht in Orléans ein.
8. Mai: Befreiung von Orléans
18. Juni: Schlacht von Patay
17. Juli: Krönung von König Charles in Reims
8. September: Sturm auf Paris

1430 23. Mai: Gefangennahme Jeannes bei Compiègne
Dezember: Jeanne wird nach Rouen gebracht.

1431 Januar: Vorbereitung des Inquisitionsprozesses
21. Februar: Beginn der Verhöre
30. Mai: Jeanne wird als Ketzerin verbrannt.

1435 Friede zwischen Charles und Philipp von Burgund

1436 Charles zieht in Paris ein.

1449 Rückeroberung Rouens

1450 Beginn des zweiten Prozesses

1453 Ende des »Hundertjährigen Krieges«

1456 Rechtfertigung Jeannes

1920 Jeanne d'Arc wird heiliggesprochen.

Personenverzeichnis

d'Alençon, Jean, Herzog von Perché: französischer Feldherr
d'Arc, Jacques und Isabelle: Jeannes Eltern
d'Arc, Jacques, Jean, Pierre und Catherine: Jeannes Geschwister
d'Aulon, Jean: französischer Ritter
Baudricourt, Robert de: Stadtkommandant von Vaucouleurs
Bedford, John of Lancaster, Herzog von: englischer Regent
Cauchon, Pierre, Bischof von Beauvais: Vorsitzender des Inquisitionsgerichts
Charles VI.: 1380–1422 König von Frankreich
Charles VII.: Dauphin, 1422–1461 König von Frankreich, Sohn König Charles' VI.
Chlodwig, König der Franken
Contes, Louis de: Jeannes Page
Dunois, Jean, Graf von, Bastard von Orléans: französischer Feldherr
Eleonore, Herzogin von Aquitanien: Königin von England
Erard, Guillaume: geistlicher Richter
Heinrich VI.: 1422–1461 König von England und von Frankreich
Isabeau (Isabelle von Bayern): Königin von Frankreich, Gattin König Charles' VI.
Johann ohne Furcht: Herzog von Burgund, Vater Philipps des Guten
Ladvenu, Martin: Dominikanermönch
La Hire (Etienne de Vignolles): französischer Heerführer
La Trémoïlle, Georges de: französischer Großmarschall
Laxart, Durand: Jeannes Onkel
Marie d'Anjou: Königin von Frankreich, Gattin König Charles' VII.
Merlin: Zauberer und Prophet
Metz, Jean de: französischer Ritter

Pasquerel, Jean: Priester, Jeannes Beichtvater
Philipp der Gute: Herzog von Burgund
Poulengy, Bertrand de: Knappe
Regnault de Chartres: Erzbischof von Reims, Kanzler von Frankreich
Rolin, Nicolas: Kanzler Philipps des Guten von Burgund
Salisbury, Graf von: englischer Heerführer
Talbot, Sir John: englischer Heerführer
Ysambert de la Pierre: Priester

Literatur- und Bildnachweis

Wer mehr über das Leben und den Tod von Jeanne d'Arc erfahren möchte, lese den von Ruth Schirmer-Imhoff herausgegebenen Band ›Der Prozeß Jeanne d'Arc. Akten und Protokolle 1431–1456‹ (dtv dokumente, Band 2909), aus dem auch die Zitate des vorliegenden Buches stammen.

Die Illustrationen auf den Seiten 133 und 184 wurden dem Band Georges Goyau: ›Sainte Jeanne d'Arc. Les Étapes d'une gloire religieuse‹, Paris 1920, entnommen, alle übrigen dem Titel ›Jeanne d'Arc‹ von H. Wallon, Paris 1876.